D1689793

Petra Maria Keller
Nickel der Norddeutsche

Autorin

Petra Maria Keller, 1963 geboren, ist als Ärztin, Psychotherapeutin und Kunsttherapeutin seit 25 Jahren in eigener Praxis tätig. Ein Spezialgebiet ist dabei die Begleitung von Menschen mit Hochbegabung und Hochsensitivität. Nach diversen Beiträgen in der kunsttherapeutischen Fachliteratur ist diese Erzählung ihr Erstlingswerk in dem Genre eines generationenübergreifenden Vorlese- und Lesebuches, das Fachwissen in das Gewand lebensnaher Anekdoten kleidet. Typische Erfahrungsberichte aus der täglichen Arbeit dienen dabei ebenso als Vorlage für die Figuren des Buches wie reichliches »Anschauungsmaterial« im eigenen Hofprojekt. Ähnlichkeiten mit realen Personen sind daher nicht immer zufällig, teils gewollt, teils unbeabsichtigt. Die Autorin lebt und arbeitet im Raum Bremen.

Petra Maria Keller

Nickel der Norddeutsche

Erzählung

Impressum

Erstveröffentlichung Dezember 2023

© Petra Maria Keller, 2023
Illustrationen: Petra Maria Keller
Layout und Covergestaltung: Nikolai Keller
Verantwortlich für den Inhalt: Petra Maria Keller,
Große Trift 13, 27367 Sottrum

Druck: epubli – ein Service der Neopubli GmbH, Berlin

Das Werk, einschließlich aller seiner Teile, ist urheberrechtlich geschützt. Jede Verwertung ist ohne Zustimmung der Verfasserin unzulässig. Dies gilt insbesondere für Vervielfältigungen, Übersetzungen, Mikroverfilmungen und die Einspeicherung und Verarbeitung in elektronischen Systemen.

Zum Buch

Auf den ersten Blick erlebt Nickel eine idyllische Kindheit in einer Hofgemeinschaft in der norddeutschen Tiefebene. Das weitläufige Gelände birgt viele Möglichkeiten, seiner Experimentierfreude nachzugehen. Die verwirrenden Reaktionen seiner lieben Mitmenschen, die offensichtlich anders ticken als er, reißen den sensitiven und vielseitig begabten, kleinen Jungen aber immer wieder aus seiner Unbeschwertheit. Nicht nur der Umstand, dass er der einzige Norddeutsche in seiner Familie ist, sondern viele Erfahrungen, die andere für nebensächlich halten, beschäftigen ihn nachhaltig. Seine wilden Locken, der wache Geist, die kreativen Einfälle finden zwar reichlich, aus seiner Sicht oft sogar zu reichlich Beachtung, bringen ihn aber auch manches Mal in unerwartete Schwierigkeiten. Dabei möchte er sich doch eigentlich nur wohl fühlen in seiner Familie, seiner Schule und seinem geliebten Zuhause zur Zeit der Jahrtausendwende, als die Großeltern von heute noch junge Eltern und die Eltern von heute noch Kinder waren.

Die Erzählung führt in eine Zeit, in der die Menschen noch zum Telefon rannten, wenn es klingelte, in der Spielekonsolen, Handys und Laptops noch nicht Einzug in die meisten Kinderzimmer gehalten hatten. Einerseits galten Begriffe wie Homeoffice und Work-Life-Balance, Teilzeit für Männer und Elternzeit für Väter noch als futuristisch, andererseits gab es Outdoorspiele, für die es heute keine Namen mehr gibt. Doch ungeachtet der Geschwindigkeit soziokultureller Verwandlungen sind die Gefahren von Polarisierung, Ausgrenzung und Entfremdung aktueller denn je und essenzielle Bedürfnisse wie Zugehörigkeit, Beheimatung und Verbundenheit von großer Bedeutung, im Kleinen wie im Großen. Daher begegnet uns in Nickels Erlebnissen die fortwährende Frage nach einem angemessenen, wertschätzenden Umgang mit dem »Anderssein«.

Die einzelnen Episoden beleuchten mit viel Humor die Besonderheiten im Zusammenleben mit einem pfiffigen Jungen im Grundschulalter, zeigen die Stärken und Schwächen von komplexen Denkmustern und erheitern nicht selten durch überraschende Wendungen.

Nickel der Norddeutsche ist ein Vorlese- und Lesebuch für Eltern und Großeltern.

Nickel findet immer eine Lösung

Der kleine Junge mit den hellbraunen Locken, der stupsigen Nase und dem immer zum Lachen bereiten Mund, hatte es sich auf dem Schoß der Mutter gemütlich gemacht: »Ist es eigentlich alles wahr, was in diesem Buch steht? Gab es den Michel in echt?«

Er schaute mit seinen wachen, braunen Augen gespannt zur Mutter hoch, die gerade das Buch zugeschlagen hatte, um ihm einen Gutenachtkuss zu geben.

Sie zögerte eine Weile, blickte dabei grübelnd vor sich hin: »Ich kann mir schon vorstellen, dass es irgendwo auf dieser Welt einen kleinen Jungen gegeben hat, der genauso wie der Michel in diesem Buch war. Ob es allerdings gerade an diesem Ort war und ob er wirklich Michel hieß, das weiß ich auch nicht.«

Dann glitt plötzlich ein Lächeln über ihr Gesicht, sie beugte sich vor und schloss Nickel in die Arme: »Aber eins weiß ich: Dass es diesen Nickel hier wirklich gibt und dass alles, was wir mit ihm erleben, wirklich wahr ist!«

Nickel kuschelte sich tief in die Arme seiner Mutter und er war von Herzen froh, ihr Gesicht so freundlich und die Augen lachend auf sich blicken zu sehen.

Seine Mutter, das war für ihn die beste und schönste Frau auf der ganzen Welt. Am liebsten würde er immer bei ihr bleiben und sie heiraten, auch wenn seine größere Schwester Simona – sie war schon fast zwölf – immer in schallendes Gelächter ausbrach, wenn er so was sagte und ihm erklärte, das dürfe gar nicht sein. In der eigenen Familie könne man nicht heiraten. Warum denn nicht? Der Vater war doch auch in der eigenen Familie und hatte die Mutter geheiratet. Ob das der Grund war, warum die beiden erst so spät geheiratet hatten? Da war Nickel nämlich schon ganz lange auf der Welt. Und dass auch ein Sohn seine Mutter heiraten kann, das hatte er doch schon längst bei den Tieren im Hof und Stall beobachtet.

Trotz aller Liebe für seine Mutter, sie konnte auch mächtig böse werden. Dann funkelten ihre dunkelbraunen Augen vor Zorn, ihre Stimme konnte laut werden, so laut, dass die Ohren zu wackeln anfingen, und die sonst so bedächtigen, ruhigen Bewegungen wurden plötzlich hektisch und kantig.

Leider kam das häufiger mal vor – na ja, eigentlich beinahe jeden Tag. Dann schüttelte sie manchmal den Kopf und rief: »Nein, was ist das bloß für ein Kind!«

Meistens ging es dabei um irgendeinen dummen Zwischenfall mit

Nickel, irgendeine Aktion, die wieder einmal ein böses Ende nahm, ohne dass Nickel eigentlich etwas Böses beabsichtigt hatte. Ja, im Gegenteil: Eigentlich sollte es meistens eine Lösung für ein Problem sein und Nickel war sogar stolz auf seinen Einfall. Oft traf es ihn dann wie ein Hammerschlag, wenn während seiner begeisterten Erzählung die Augen der Mutter immer finsterer wurden, statt sich mit ihm zu freuen, und wenn sie dann schließlich lospolterte: »WAS hast du gemacht?«

Im Grunde war es heute Abend, ja erst vor wenigen Minuten, auch so gewesen. Das Ganze fing zunächst harmlos an. Hatte Mutter doch gestern auf seinen Hasen- und Meerschweinchenstall gezeigt und gemeint, es wäre gut, wenn er die von Algen ganz unansehnlich und grün gewordene Trinkflasche mal gründlich reinigen würde, damit seine Tiere kein Bauchweh bekämen. Das fand er einleuchtend, zumal er seit Wochen auf sein Muckelchen, das Meerschweinchen, besonders achtete, weil er glaubte, dass es bald Junge bekäme. So hatte er die Flasche also heute beim Stall ausmisten gleich mitgesäubert und wollte damit der Mutter vor dem Schlafengehen eine Freude machen: »Schau mal, Mama. Ich habe die Flasche ganz glänzend bekommen!«

Die Mutter wendete ihren Blick und ein erfreutes Lächeln, das er so sehr mochte und das sein Herz immer hüpfen ließ, huschte über ihr Gesicht: »Das hast du aber wirklich wunderbar hinbekommen. Wie hast du das denn geschafft? Die Öffnung ist doch so eng?«

Stolz über seine Pfiffigkeit reckte er sich: »Oh, ich habe die schöne blaue Bürste in der Küche genommen!«

Die Mutter runzelte die Stirn.

»Welche blaue Bürste?«

»Ach, weißt du, die schmale, die da seit kurzem über der Spüle hängt.«

Und da war es dann wieder, der plötzliche Einbruch in die Behaglichkeit des Abendrituals. Durch die Fensterchen wirkte selbst der Himmel plötzlich dunkler als vorhin. Oder waren es die Schatten um Mutters Augen, als sie ihre Augenbrauen zusammenzog: »Du hast die

Flaschenbürste über der Spüle genommen? Die, die ich gerade gekauft habe, um deine Trinkflasche wieder schönzumachen?«

»Ja, aber ich dachte ... du hast sie doch noch nie benutzt!«

»Aber das macht es ja noch schlimmer, sie ist völlig neu und mindestens doppelt so teuer wie deine Tierflasche. Soll ich jetzt morgen deine Trinkflasche damit reinigen?«

Na ja, zugegeben, bei der Vorstellung, dass das Teil, was heute Nachmittag den grünen, schleimigen Belag von der Innenseite gelöst hatte, morgen in seiner geliebten Trinkflasche kreisen würde, bekam er schon ein bisschen Bauchweh und als er den angeekelten Blick seiner Schwester sah, die gerade ins Zimmer gekommen war und den letzten Teil gehört hatte, da ahnte er langsam, dass seine Idee wohl doch nicht so gut gewesen war.

Er wagte trotzdem einen letzten Vorstoß, um die Lage zu retten: »Aber was kann ich denn dafür? Ich wusste das doch nicht.«

Die Mutter sah ihn ernst an: »Du, da weiß ich einen Tipp: Manchmal hilft fragen, bevor man alle Ideen umsetzt.« Und dann sagte sie den Satz, den er so hasste, der aber andererseits das Ende der bedrohlichen Wolke ankündigte, denn meistens musste Mutter dann schon wieder schmunzeln: »Ach, hätten wir dich doch Michel genannt!«

Ja, mit dem Namen, da hat es so was auf sich, doch davon soll die nächste Geschichte erzählen.

Nickel und seine Heimat

Nickel war ein echter Norddeutscher, wenn auch der einzige in seiner Familie. Zumindest bestand er selbst darauf und fand immer eine Gelegenheit, dies anzubringen: Wenn Vater mit seinem süddeutschen Dialekt von den Bergen träumte, beschrieb Nickel die Vorzüge seiner nordfriesischen Lieblingsinsel. Wenn Mutter – ihre Sprache hatte noch Ausdrücke des rheinischen Dialektes – über die langen, nassen Winter klagte. Wenn seine Schwester ihn mit seinen Locken aufzog – immer wieder betonte er, er sei ein echter Norddeutscher. Wenn Simona ihn dann belehrte, dass »echte Norddeutsche« nun mal keine Locken hätten, dann drängte er seine Mutter so lange, bis er seine Haare so kurz schneiden lassen durfte, dass sie sich wirklich alle flach an den Kopf legten und die Kopfhaut durchschien. Für kurze Zeit zumindest, denn meistens fingen die ersten Spitzen schon wenige Wochen später wieder an, sich in den Himmel zu recken, und bald zogen alle Haare wieder mit und bildeten eine wuschelige Mähne rund um den Kopf. Da sich Nickel aber aus Prinzip nie kämmte und meistens vergaß, in den Spiegel zu gucken, erlebte er Wochen des Glückes im Glauben an seine glatten Haare, bis die ersten dummen Tanten bei Festen oder einfach nur Wildfremde auf der Straße wieder von seinen niedlichen Löckchen schwärmten und ihm dabei über den Kopf wuschelten oder gehässige Jungs ihn damit aufzogen. Die ersten Male behauptete er dann immer fest: »Ich habe keine Locken mehr. Das war früher!«

Wenn seine Schwester dann widersprechen wollte, warf die Mutter ihr einen warnenden Blick zu, denn sie versuchte, den Abstand zwischen den allzu häufigen Friseurterminen ein wenig in die Länge zu ziehen.

Aber irgendwann häuften sich die entzückten oder gehässigen Rufe wieder so, dass Nickel sich selbst nach den Haaren griff und lange Zeit prüfend vor dem Spiegel verbrachte. Dann musste die Mutter schnell reagieren, denn es war auch schon vorgekommen, dass Nickel sonst selbst zur Schere griff, und was dann dabei herauskam, sah manchmal sehr lustig aus. Für die anderen zumindest, die dann lachten. Für Nickel war es weniger lustig.

Also Tatsache war, dass Nickel in Bremen geboren war, vor etwas mehr als sieben Jahren an einem sonnigen Samstag, im Übergang vom Sommer zum Herbst. Davon bekamen aber weder er noch seine Eltern viel mit, da er sich nicht durchringen konnte, den Weg auf diese Erde ohne Hilfe anzutreten, obwohl die Eltern, aber vor allem seine Schwester schon seit Wochen auf ihn warteten und Mutters riesigen, kugelrunden Bauch streichelten, um ihm gut zuzureden.

Es war mit Sicherheit seine Schwester Simona gewesen, die ihn vom Himmel auf die Erde gelockt hatte. Da war sie sich jedenfalls bei seiner Geburt ganz sicher, denn schließlich war sie es gewesen, die über ein Jahr lang beim Abendgebet ihren Engel um einen kleinen Bruder gebeten hatte. Zunächst ganz zart, ehrfürchtig, später immer barscher, forscher, als es doch nicht so schnell ging, wie sie wollte: »Und du sollst mir noch einen kleinen Bruder geben!«

Nun, mitten auf Nickels Weg zur Erde hatte sie sich dann umentschieden, nach einem Nachmittag, als die kleinen Jungs von Mutters Freundin sie mächtig geärgert hatten. Ab diesem Tag hatte sie immer betont, es solle doch lieber eine Schwester werden! Aber da war es schon zu spät, denn Nickel hatte seine Reise schon angetreten und sich ein Nest in Mutters Bauch gebaut.

Auch wenn später die Zeit begann, da Simona ahnte, dass sie nicht ganz allein verantwortlich für die Ankunft ihres kleinen Bruders war, sie konnte sich nie verzeihen, dass sie so inständig um einen Jungen gebeten hatte.

Wie dem auch sei, als die Stunde seiner Geburt gekommen war, fand er sich in einem Krankenhaus in einer Gruppe von Ärzten, Pflegern und Hebammen wieder und als die Helfer den kleinen Neuankömmling den Eltern mit den Worten reichten: »Es ist ein Junge und ein recht kräftiger dazu«, da sahen sich die Eltern glücklich, aber auch fragend an: »Nun ist es also tatsächlich ein Junge. Wie magst du denn wohl heißen?«

Im Raum entstand eine ganz besondere Stille und dann lachte eine liebe, rundliche Hebamme und rief: »Alle Männer, die gerade hier im Raum sind, heißen Michael. Vielleicht sollten Sie ihn ja auch Michael oder gleich Michel nennen. Er sieht doch jetzt schon aus wie ein kleiner Michel!«

Tja, das war also die Geschichte mit dem Michel. Aber zum Glück hatten die Eltern sich dann doch für den Namen entschieden, der ihnen näher war, und so war ihm schließlich der Name Niclas gegeben worden.

Wie aus dem Niclas dann ein Nickel geworden war, das weiß man im Nachhinein ja immer schwer zu sagen. Vielleicht steckte da dann doch noch der Klang von Michel dahinter, und dass die Mutter ihn ab und zu auch »Nickelchen« rief ... nun ja, daran hatte er sich im Verlauf der Jahre gewöhnt. Mütter müssen immer was Niedliches dranhängen.

Immerhin war es meist ein gutes Zeichen, wenn sie »Nickelchen« sagte. Dann war die Stimmung gut und die Welt in Ordnung.

Bei »Nickel« wusste man das nie und wehe, wenn das »Niclas« laut durch die Flure oder über den Hof schallte. Dann war die Lage ernst, sozusagen kurz vor Gewitterstimmung, und es war ratsam, dann doch schneller als sonst dem Ruf zu folgen.

Zum Glück machte Vater solche Abstufungen nicht mit und nannte ihn in der Regel »Niclas«. So von »Mann zu Mann«. Überhaupt war er weniger launisch und versuchte eher, Mittelwege, Kompromisse zu finden, wobei gerade das für Nickel manchmal reizvoll war, denn hier kam früh sein Verhandlungsgeschick zum Vorschein. Man konnte ja immer mal schauen, ob man da nicht doch noch etwas heraushandeln konnte. So kam es, dass man auch Vater trotz seiner Besonnenheit ab und an laut schimpfen hörte. Die ersten Male war Mutter dann ganz erschrocken angerannt gekommen, denn schreiend hatte sie ihren freundlichen Mann mit den großen, weichen, blauen Augen noch nie zuvor erlebt und später behauptete sie immer, Nickel habe ihm das Schreien beigebracht. Auch dies allerdings wieder ganz ohne Absicht.

Das mit dem Schreien ist schon so eine Sache, und das mit dem Liebhaben auch. Doch davon ein anderes Mal.

Vom Streiten und vom Liebhaben

Als Nickel das erste Mal ein lautes Streiten seiner Eltern mitbekam, denn das konnte Vater ja plötzlich auch, da wurde ihm ganz bang. Es war für ihn ganz ungewohnt. Sicher, die Eltern hatten auch mal verschiedene Meinungen oder waren sauer aufeinander, aber dass sie sich ganz arg beschimpften, das war noch nie vorgekommen. Oder lag es daran, dass er jetzt manchmal noch eine Weile wach im Bett lag, wenn sie dachten, er schliefe schon fest wie immer?

Er hatte in der letzten Zeit mit seinen guten Ohren schon manchen Satz aufgeschnappt, der in der angrenzenden Küche gesprochen wurde, nur dass er sie gar nicht so gut verstand, diese Erwachsenensprache.

Aber einmal, das war kurz vor seinem Geburtstag, da hatte Mutter gesagt: »Na, hast du das Fahrrad noch im Auto? Wir sollten es verstecken, bevor es Tag wird.«

Da hatte Nickel gewusst, dass er zum Geburtstag ein Fahrrad kriegen würde. Das hatte ihn sehr gefreut, viele Tage und Abende lang. Aber dann an seinem Geburtstag, da war es so richtig komisch gewesen, wie alle ganz geheimnisvoll taten und ihn mit verschlossenen Augen auf die Terrasse führten, wo schließlich ein riesiges, eingehülltes Geschenk mit großer Schleife stand. Da war es gar keine echte Überraschung mehr, wo er doch schon wusste, was da drinnen war, und es war ein bisschen wie eine Lüge, so zu tun, als sei man nun tatsächlich sehr überrascht.

So hatte das Lauschen eben seine zwei Seiten und seither hatte Nickel seine Ohren gar nicht mehr allzu dolle gespitzt, um alles mitzubekommen.

Jedenfalls, an diesem Abend, da hätte man schon Watte in die Ohren stecken können und hätte trotzdem was gehört, denn die Stimmen wurden immer lauter. Und dann rannten sie sich auch noch im Flur nach und jetzt hörte er Sätze wie »So geht es nicht mehr weiter ...« und »Jetzt reicht es mir ...«

Wie immer war Mutter deutlich lauter und heftiger, aber auch Vaters Stimme klang sehr ernst, manchmal hart, manchmal traurig.

Da wurde es Nickel ganz eng ums Herz und er dachte an seine Freunde in der Schule, deren Papas schon lange ganz weit weg waren und die man nur an den Wochenenden oder gar nur in den Ferien sehen konnte. Oder die Freunde, die plötzlich zusammen mit anderen Kindern von anderen Frauen oder anderen Männern ihre Wohnung teilen, spielen oder an einem Tisch sitzen mussten.

Manche, die hatten dadurch plötzlich neue Freunde und Freundinnen, die jetzt immer da waren, manche aber waren traurig, ihre

Mama oder ihren Papa nicht mehr für sich zu haben und alles teilen und immer nett zu den anderen sein zu müssen, weil es ja nun die neue schöne Familie sein sollte. Noch komischer war es, wenn die Kinder immer noch nett zueinander sein mussten, obwohl die neuen Eltern sich längst schon wieder zankten. Wenn er von solchen Besuchen bei diesen Freunden zurückkam, da war Nickel doch immer ganz froh, dass er Papa und Mama, seine Schwester Simona, Mümmelchen, den Hasen und Muckelchen, das Meerschweinchen alle unter einem Dach bei sich hatte. Und dass draußen im Stall die Hühner und Enten, die Schafe und Ponys auf ihn warteten und dass sein schönes Zuhause mit dem Garten, den Wiesen, dem Wald und dem Bach schon immer sein Zuhause war und es auch bleiben sollte.

Tränen stiegen hoch und es hielt ihn nicht mehr im Bett. Die kleinen Füße suchten die Pantoffeln, fanden sie natürlich nicht, ließen den Versuch bleiben und eilten schließlich barfuß über den Holzboden, der sich in der Nacht so kalt anfühlte. So gelangte er in die Küche, wo sich Mutter und Vater hoch aufgerichtet gegenüber standen. Mutter holte gerade ganz aufgebracht Luft, um weiter zu schimpfen. Schnell eilte er auf beide zu, stellte sich zwischen die verdutzten Eltern und schaute seinen Vater mit ganz weit aufgerissenen Augen an: »Papa, ziehst du jetzt aus?«

Und wieder stiegen Tränen auf bei dem Gedanken, dass Papa morgen weg sein könnte, wo sie doch morgen an dem Floß weiter hämmern wollten, das bis zum Sommer fertig werden sollte ...

»Nickelchen ...«

Die weiche Stimme seiner Mutter holte ihn aus seinen Gedanken und nachdem sich die Eltern von ihrem Schrecken und ihrer Sprachlosigkeit erholt hatten, nahm der Vater ihn auf den Arm: »Niclas, wie kommst du denn auf solch einen Gedanken? Schau, ihr Kinder streitet euch doch ständig miteinander und zieht dafür auch nicht gleich aus. Auch die Eltern müssen sich mal streiten, ohne dass dafür gleich jemand weggeht.«

Das leuchtete ihm irgendwie ein und so ließ er sich von seinem Vater wieder zu Bett bringen, und als der ihm versprach, dass die Sache mit dem Floß morgen gewiss weiterginge, da waren die Augen schon zugefallen.

Tja, so ist das mit dem Streiten, aber das mit dem Liebhaben ist auch nicht immer einfach ... Denn wenn Vater und Mutter sich mal so richtig lieb ansahen, sich in den Arm nahmen oder küssten, oder wenn sie am Sonntagmorgen ganz eng aneinandergeschmiegt lagen, während Nickel das Zimmer stürmte, dann wurde ihm auch immer ganz weh im Bauch und er bekam jedes Mal den ganz unwiderstehlichen Drang, sich zwischen beide zu drängen und einen oder besser beide zu drücken. Denn sonst fühlte er sich so verlassen, richtig ausgeschlossen, und dabei wollte er doch immer in der Mitte sein, ganz dicht dran, dichter als ein anderer, vor allem auch dichter als seine Schwester Simona. Und falls sie sonntags morgens, geweckt von seinen ersten Kopfsprüngen ins Bett der Eltern, auch ins elterliche Zimmer kam und versuchte, noch einen kuscheligen Platz neben Mutter und Vater zu ergattern, so hatte er viel Arbeit damit, immer in der Mitte zwischen allen dreien zu liegen. Lange Wortgefechte konnten dabei beginnen:

»Dies ist nur meine Mama.«

»Nein, meine auch!«

»Nein, sie gehört mir!«

»Ich war schon vor dir da.«

»Aber mich hat sie lieber, weil ich kuscheliger bin.«

»Aber mich hat sie auch lieber.«

»Mama, wen hast du lieber?«

Mutter sagte dann meist: »Du bist mein allerliebster Sohn!«

Das ganze Gewusel nahm erst dann ein Ende, wenn Vater und Mutter erkannten, dass die sonntägliche Gemütlichkeit zu Ende war, und sich seufzend aus dem Bett erhoben.

Einmal bei solch einem Gespräch, da erzählte Simona was von »damals, in der anderen Stadt ...«, und da wurde ihm klar, dass die drei

– Vater, Mutter und Simona – schon ein Leben zusammen ohne ihn gehabt hatten, sogar in einem anderen Zuhause, in einer anderen Stadt, wo es ihnen wohl auch gefallen hatte. Simona war dort ja sogar zur Welt gekommen. In der Mitte von Deutschland, hatte man ihm gesagt.

Deutschland war ein großes Land, zumindest tagsüber, wenn sie mal zu den Großeltern fuhren. Am anderen Ende von Deutschland hieß es dann nämlich immer und es dauerte einen ganzen Tag, dorthin zu kommen. Wenn er dann fragte: »Wie lange denn noch?«, sagten sie oft: »Aber Nickel, wir sind doch gerade erst losgefahren … es dauert noch den ganzen Tag …«

Dann war Deutschland für ihn unvorstellbar groß.

Nachts hingegen schien das Land unglaublich zu schrumpfen. Wenn Nickel ins Auto gepackt wurde, ins »Autobett« mit vielen Kuscheltieren, Kissen und Decken und sich dem Geruckel des Wagens hingab, so war er oft überrascht, wenn der Vater ihn nach wenigen Metern heraushob und behauptete, nun seien sie schon am Ziel.

Wenn aber tagsüber die ersten Kurven in den Bergen anfingen und er sich übergeben musste, dann stöhnten sie: »Mensch, Nickel, mit dir kann man aber wirklich keinen Urlaub machen.«

Bleich wie er war, versuchte er sich zu verteidigen: »Ich bin halt ein Norddeutscher.«

Und dann dachte er sehnsüchtig an den letzten Urlaub auf seiner Lieblingsinsel. Der war nämlich toll gewesen und da hatte er auch nicht erbrechen müssen. In solchen Momenten merkte er jedenfalls, dass er wohl der einzige Norddeutsche in seiner Familie war, und das machte ihn dann sehr traurig. Und dass die meisten Freunde seiner Eltern von irgendwelchen anderen Ecken dieses komischen Landes schwärmten, wo sie wohl auch mal gelebt hatten, und über seinen geliebten Norden eher abfällig sprachen, das machte die Sache auch nicht besser.

Das Blatt wendete sich erst, als Nickel einen Freund fand, der im gleichen Krankenhaus geboren war wie er. Doch bis er diesen Norddeutschen einen Freund nannte, war es ein weiter Weg …

Wie Nickel einen guten Freund fand

Florian war nicht vom ersten Tag an sein Freund ... oh nein!

Aber da wusste Nickel halt auch noch nicht, dass sie im gleichen Krankenhaus geboren waren, sonst wäre vielleicht alles anders gekommen.

Mutter lernte Florian kennen, als die beiden sich gerade nach Schulschluss auf dem Schulhof dermaßen ineinander verkeilt hatten, dass sie selbst nicht mehr wussten, welches Bein zu wem gehörte. Es war aber auch zu dumm gelaufen. Florian war ihm wieder mal quer gekommen mit seinen Hänseleien über seine Locken. Das sähe ja aus, wie bei einem Mädchen und so weiter ... jedenfalls war es Nickel irgendwann zu bunt geworden und dann hatte er Florian gepackt und ihm gezeigt, dass er alles andere als ein Mädchen war.

Nun war er kurz davor, zu gewinnen, was selten vorkam, denn Florian hatte fiese Freunde, die ihm immer bei so etwas halfen, und ausgerechnet jetzt musste er Mutters Stimme hören: »Nickel, der Klügere gibt nach!«

Er tat einfach so, als habe er nichts gehört. Jetzt bloß nicht aufgeben, wo Florians Freunde gerade nicht in der Nähe waren ...

»Na, jetzt bin ich aber mal gespannt, wer heute der Klügere ist ...«, legte die Mutter nach. Der Satz ließ Nickel kurz innehalten. Das wäre ja auch kein schlechter Tagessieg, als der Klügere da zu stehen. Aber andererseits hatte er ausgerechnet heute einen so starken Auftritt.

Der Klügere ist manchmal auch der Dumme und immer nachgeben ist auch nicht die Lösung, dachte Nickel.

So sah die Mutter aus dem wilden Knäuel an Armen und Beinen, das ganz kurz in Bewegungslosigkeit verharrt schien, schließlich einen hochroten krausen Lockenkopf herausgucken, der ihr zujapste: »Noch niemand«, und dann ging das wilde Gemenge weiter.

Auf diese Weise lernte sie also Florian kennen, als die beiden Jungs kurze Zeit später wieder auf ihren noch etwas wackeligen Beinen standen. Als sie dabei auf die Idee kam, Florian für einen Nachmittag einzuladen, um im eigenen Garten richtig toben zu können, am Bach zu angeln oder mit den Ponys durch den Wald zu ziehen, da hätte Nickel ihr am liebsten in die Hand gebissen, die sich liebevoll nach ihm ausstreckte. So eine verrückte Idee, gerade dieser Florian, den er nun gar nicht mochte! Auch der guckte noch ziemlich trotzig. Hoffentlich sagte er bloß »nein«.

»Warum habt ihr denn eigentlich gestritten, Florian?«, fragte Mutter.

»Weil er eben mit seinen Locken so witzig aussieht, halt wie ein Mädchen.«

»Aber weißt du, Florian, es gibt im Süden Gegenden, da haben ganz viele Menschen Locken.«

»Ja, in Griechenland«, rief Florian, »da war ich mal im Urlaub.«

»Ich bin aber kein Grieche, ich bin ein Norddeutscher«, rief Nickel dazwischen.

»Ja, Nickel ist der einzige Norddeutsche in unserer Familie«, lachte die Mutter und schüttelte dabei lustig ihre eigenen dunklen Locken. »Und wo bist du geboren?«, fragte sie freundlich.

»In Bremen im Krankenhaus, und zwar ganz oben im Norden von Bremen«, sagte Florian und da bekam Nickel plötzlich ganz große Augen.

»Da bin ich auch geboren!«

»Dann könnte es ja sein, dass wir Zwillinge sind!«, meinte Florian und nickte ganz andächtig dabei, obwohl er ganz anders aussah mit seiner blassen Haut, den blonden, glatten Haaren und den vielen Sommersprossen. Und dann erzählte die Mutter kurz von den Einwohnern eines fernen Landes und den weißen Eindringlingen, die sich auch bekämpft hätten, weil sie so verschieden waren, und dass sie aber ein Buch hätte, in dem die Freundschaft von einem Apachenhäuptling und einem besonderen Bleichgesicht beschrieben werde, die ihre Rivalität überwunden hätten und dann gemeinsam ganz stark gewesen wären, um zusammen für eine gute Sache zu kämpfen. Das würde sie den beiden Streithähnen vorlesen, wenn Florian mal käme, woraufhin dieser ganz interessiert guckte und nickte, und auch Nickel fing heimlich an, sich auf diesen Nachmittag zu freuen.

Einige Tage später war es so weit. Florian wurde von seiner Mutter an einem sonnigen Herbsttag gebracht. Die Mütter redeten noch eine Weile miteinander. Sie verstanden sich offensichtlich auf Anhieb ganz gut. Währenddessen beäugten sich Nickel und Florian noch aus sicherem Abstand. So ohne seine Bande und auf fremdem Gebiet wirkte

Florian gar nicht so angriffslustig, eher kleiner und schüchterner. Aber mal abwarten, das konnte ja auch ein Trick sein, nur weil die Mütter noch in der Nähe waren. Jedenfalls schien er beeindruckt von dem großen Hof mit den vielen Tieren.

Nicht, dass es noch ein wirklicher Bauernhof gewesen wäre. Aus dem ehemaligen Stall war inzwischen Mutters Praxis geworden und auch Vater hatte eigentlich einen ganz anderen Beruf als Lehrer in einer Schule für große Leute. Aber dennoch waren im Verlauf der Jahre immer mehr Tiere zu ihnen gekommen. Vater verdrehte dann jedes Mal die Augen, aber schließlich baute er dann doch wieder einen Stall, und die Ställe sahen wirklich klasse aus. Mutter war in diesem Punkt ganz auf der Seite der Kinder. Im Gegenteil, manchmal bremste Simona, die inzwischen besonnener war, die Mutter, wenn diese von noch mehr Tieren schwärmte: »Aber Mama, denk doch an die viele Arbeit. Eins sage ich dir: Ich werde dir dabei nicht auch noch helfen! Schließlich habe ich nachmittags viele Hausaufgaben und andere Termine.«

Mutter seufzte dann schwer und einsichtsvoll, bis sie bei nächster Gelegenheit wieder in Verzückung geriet. Nur wenn Nickel und Simona sich einig waren, dass doch Schweine unglaublich süße Tiere seien und gut hierher passen würden, dann wehrte sie heftig ab.

So waren als letzte Neuanschaffung nach all den Kleintieren und den beiden Schafen vor zwei Jahren die beiden Ponys zu ihnen gekommen. Und das geschah auf folgende Weise:

Simona blätterte mal wieder in ihrer Mädchenzeitschrift und rief ganz laut »süß«. Kurze Zeit später brach auch Mutter in verzückte Laute aus und in den Wochen danach tuschelten die beiden verdächtig oft und kicherten. Als sie ihre nächste Reise auf die geliebte Nordseeinsel machten, kamen sie wie zufällig an einem Züchter für Shetlandponys vorbei. Nun, die Sache endete kurz und bündig gesagt so: Nach zwei Stunden hatten sie sich mit dem Züchter geeinigt und kurz nachdem alle von der Reise zurück waren, zogen zwei fröhlich wiehernde Ponys ein, eine Stute mit ihrem Fohlen. Vater hatte es auch dieses Mal wieder geschafft, in ganz kurzer Zeit einen wunderschönen Stall zu zaubern, und auch er schien mit der Situation ganz zufrieden zu sein.

Nun, inzwischen war das winzig kleine Fohlen so groß wie seine Mutter und gerade diese beiden waren für Florian natürlich die Attraktion. Zwei Pferdchen, die neben einem so klein waren, dass man sich selbst richtig groß fühlen konnte, wenn man sie durch den Wald führte, durch die Büsche schlich oder sich dem Bach näherte, der in der Phantasie leicht zu einem reißenden Fluss gemacht werden konnte. Groß wie richtige Abenteurer fühlte man sich da und so versprach es, ein spannender Nachmittag zu werden.

Nachdem die Mutter dem neuen Spielgefährten eine Weile das weitläufige Gelände mit dem alten Fachwerkhaus und den Nebengebäuden gezeigt hatte, ließ sie die beiden allein. Nickel war ganz gespannt, wie das nun werden würde mit seinem Gegenüber, aber der war von allem so begeistert, dass er die alten Streitereien zu vergessen schien. So streiften die beiden eine ganze Zeit durchs Gelände, bis sie beschlossen, vor dem Weidenrutenzelt ein kleines Feuer zu machen. Da fingen die ersten Reibereien wieder an, als es darum ging, wer den besten Platz zwischen Zelt und Feuerplatz einnehmen dürfe, wem die Ehre gebühre, vor dem Eingang zu thronen.

»Dies ist mein Zelt und ich bin hier der Häuptling«, meinte Nickel, der Gastgeber.

»Hast du schon einmal einen Häuptling mit Locken gesehen?«, konterte Florian und hatte damit gleich wieder den wunden Punkt getroffen.

Nickel holte zur Gegenwehr aus.

»Aber hast du schon mal einen Häuptling mit glatten, blonden Haaren und Sommersprossen gesehen? Pass auf, dass ich dich nicht mit einem Bleichgesicht verwechsele«, schrie er und zeigte drohend auf seinen Marterpfahl, welcher eigentlich ein bunt bemalter Holzpfosten war, der mitten im Gemüsebeet zwischen Rhabarber und Kürbissen stand, »da werden die nämlich festgebunden!«

So standen sie sich wieder feindlich gegenüber und zu einer Keilerei hätte nicht viel gefehlt, wenn nicht gerade in dem Augenblick die fröhliche Stimme der Mutter ertönt wäre: »Nun kommt wie versprochen die Geschichte von der Freundschaft eines Apachenhäuptlings mit den Bleichgesichtern, die seinem Stamm wohlgesonnen waren.«

Und mit einem ganz dicken Buch in der Hand hockte sie sich wie ganz selbstverständlich auf den Häuptlingsplatz. Na gut, mit solch einer Geschichte darf man eben jeden Platz einnehmen. Dann las sie ihnen die Geschichte von einer ganz ungewöhnlichen Freundschaft vor, von zwei so unterschiedlichen Männern, die sich zuerst sogar auch gegenseitig bekämpften, weil sie viele Vorurteile hatten, die später aber Brüderschaft schlossen, um gemeinsam den bedrohten Stämmen zu helfen.

Und dann zeigte sie ihnen noch Fotos von großen Häuptlingen der Geschichte, die sich für ein friedliches Miteinander eingesetzt hatten, obwohl ihrem Volk so viel Unrecht widerfahren war.

Wie staunten sie da über diese stattlichen Männer mit ihren glänzenden, langen, schwarzen Haaren, den scharfkantigen Gesichtern und dem wunderschönen Kopfschmuck. Und weil der Florian mit seinen blonden Haaren, den blauen Augen und den Sommersprossen und der Nickel mit seinen hellbraunen Locken beide so gar nicht zu den Fotos passten, sie sich beide aber als Häuptlinge so wohl und so stark fühlten, beschlossen sie, sich als solche gegenseitig zu akzeptieren, rauchten mit auf Stöcken aufgespießten Kastanien Friedenspfeife und wurden an diesem Nachmittag Blutsbrüder fürs ganze Leben.

In Nickels Nähe gab es aber noch ein anderes Bleichgesicht und mit dem würde er noch ganz lange keinen Frieden schließen. Aber dies ist eine andere, ganz langwierige Geschichte.

Als Nickel zu weit ging

Raphaela hieß das Bleichgesicht von nebenan. Ein niedliches, kleines Mädchen aus dem Nachbarhäuschen, so fand jedenfalls Nickels Schwester Simona. Raphaela lebte in dem Hofprojekt seit ihrem dritten Geburtstag, der übrigens wenige Tage nach Nickels Geburtstag lag, und mitgebracht hatte sie neben Mutter und Vater noch ein kleines Schwesterlein, das beim Einzug noch ein Baby war.

Raphaela und Nickel passten wunderbar zusammen, das sagten

jedenfalls alle, die sie miteinander sahen. Alle außer Nickel selbst. Äußerlich waren sie sich sehr ähnlich und auch Raphaela hatte witzige, kleine, hellbraune Locken, und wenn die beiden ihre Köpfchen zusammensteckten, dann sah das aus wie auf einem Engelsbild – fand Simona. Allerdings saßen die beiden kaum einmal zusammen, ohne sich zu beschimpfen und das wirkte dann nicht ganz so engelsgleich.

»Du solltest Raphaela heiraten, dann bekommt ihr lauter kleine Lockenbabys«, sagte Simona nicht nur einmal zu ihrem Bruder und brachte ihn damit jedes Mal zur Raserei.

Dieses ganze Gerede machte die Sache jedenfalls nicht besser und gleich vom ersten Moment hatte er diese Raphaela nicht gemocht.

Als Mutter ihn einmal ganz eindringlich fragte: »Aber was hast du eigentlich gegen sie?«, da rutschte es verzweifelt aus dem kleinen Mund heraus: »Ach, sie nervt einfach. Schon auf der Himmelsleiter musste ich auf sie warten.«

Seither überlegte die Mutter sich ernstlich, ob darin ein Grund lag, dass Nickel drei Wochen zu spät auf die Welt gekommen war, und seither sah sie die beiden Kinder manchmal ganz nachdenklich an. Und wenn sie dann dem Gezanke eine Weile zugehört hatte, schüttelte sie den Kopf und murmelte vor sich hin: »Ihr zwei müsst euch aus einem früheren Leben kennen, vielleicht wart ihr ja mal verheiratet.«

Die immer alle mit ihrem Heiraten!

Raphaela jedenfalls hatte nicht viel zu lachen mit Nickel. Sie war aber auch allzu gut geeignet für allen Frust, der sich anstaute, wenn er mal wieder etwas hatte einstecken müssen, sei es durch die schlechte Laune der Eltern oder sei es in der Schule. Denn dummerweise ging sie auch noch in seine Klasse. Wenn der Lehrer ihn mit strengen Blicken zur Ruhe mahnte oder ein Zweikampf auf dem Schulhof zu seinen Ungunsten ausging … Raphaela bot immer eine Gelegenheit, den ganzen Ärger bei ihr abzuladen. Und wenn sie wirklich nichts Schlimmes gemacht hatte, so reichte manchmal ihr witziges Kichern, um Nickel auf die Palme zu bringen, denn dieses hörte man nur allzu oft.

»Dein Kichern stört mich.«
»Aber wieso? Ich lache nicht über dich!«
»Es stört mich trotzdem.«
»Wieso denn?«
»Ich kann dabei nicht nachdenken.«
»Worüber denkst du denn nach?«
»Ich denke darüber nach, was ich spielen könnte.«
»Ja, aber du hast doch eben gesagt, dass du gar keine Zeit hast zum spielen.«
»Eben, genau deshalb! Weil ich halt nachdenken muss, was ich spielen könnte!«

Einmal ging die Sache mit dem Ärgern aber wirklich zu weit. Mutter war gerade im Kräutergarten, als sie vom Wald her ein klägliches Wimmern hörte. Es klang wie eine Katze und Mutter hatte Sorgen, dass eines der Tiere sich verfangen haben könnte. So machte sie sich auf die Suche nach der Quelle des Geräusches ... da ... drüben zwischen den Bäumen klang es wieder so herzzerreißend. War es wirklich ein Tier oder doch ein Kind, das da so klagte? Vorsichtig pirschte Mutter sich weiter. Dort, wo die Büsche dichter standen und eine freie Lichtung umsäumten, glaubte sie, etwas Rosafarbenes leuchten zu sehen. Das Klagen klang nun von Zeit zu Zeit deutlicher an ihr Ohr und war gemischt mit dem Singsang einer anderen Stimme. Mutter glaubte, diese Stimme nur allzu gut zu kennen und schlich nun eiliger und mit wachsendem Unbehagen von Baum zu Baum, um sich dem Schauspiel unbemerkt zu nähern. Dunkle Befürchtungen stiegen in ihr auf und schließlich staunte sie nicht schlecht, denn was sie dort vorfand, glich einer Mischung aus Western und Märchen. Auf der kleinen Lichtung stand, etwas isoliert, eine alte Birke und an diese hatte Nickel die bleiche Raphaela mit einem langen, roten Bergsteigerseil, wie Vater es in den Bergen nutzte, festgebunden. Er selbst, mit Federn und gruseliger Kriegsbemalung geschmückt, tanzte immer wieder um den Baum herum, schwang dabei seinen selbstgebastelten Bogen und sprach im

Rhythmus zu seinen mal stampfenden, mal hüpfenden Schritten seine Zauberformel:

»Heute fang' ich dich,
morgen brat' ich dich,
und übermorgen ess' ich dich auf, du Bleichgesicht.«

Immer, wenn er dabei eine Atempause einlegen musste, stieß die arme Raphaela einen ihrer Klagelaute aus.

An diesem Tag überlegte die entsetzte Mutter, ob das Vorlesen der Lieblingsbücher ihrer eigenen Kindheit wohl noch zeitgemäß sei. Und nach einer sehr ernsten Strafpredigt, die Nickel von seiner Mutter mit ungewöhnlichem Nachdruck zu hören bekam, dämmerte auch ihm, dass er wohl etwas zu weit gegangen war, und dass es nicht zu den Heldentaten edler Häuptlinge gehörte, ein kleines Mädchen an einen Baum zu binden.

So richtig wendete sich das Blatt für Raphaela aber erst geraume Zeit später. In dem Jahr nämlich, als ihre niedliche kleine Schwester Maya kein Baby mehr war, sondern sich zu einem richtig selbstbewussten, frechen Kleinkind entwickelt hatte. Maya ließ sich gar nichts gefallen, sondern setzte mit ihrem immer größer werdenden Wortschatz ihren Willen den anderen Kindern gegenüber durch und scheute sich nicht, mit Beißen und Kratzen nachzuhelfen, wenn die Worte nicht reichten. Daher schauten sich Simona und Mutter ganz vielsagend an, als Nickel eines Tages von einem Spielnachmittag mit den Worten ins Haus kam: »Also irgendwie wird die Raphaela immer netter. Mit der kann man wenigstens ruhig spielen. Aber die Maya, die ist ja furchtbar, da sind wir uns einig. Die hat die Raphaela eben einfach so gebissen und mir hat sie einen Bauklotz auf den Mund gehauen. Da hätte ich doch glatt einen Zahn verlieren können!«

Aber Zähne wackeln auf vielerlei Weise. Ein anderes Mal soll dies Thema sein.

Ein verbissener Wettkampf

Simona hatte so ihr Leid mit den Zähnen. Und das manchmal über lange Zeit.

Erst spät fingen ihre Milchzähne an zu wackeln. Während die anderen Mädchen schon mit großen Lücken und neuen Zähnen durch die ersten Schuljahre gingen, hatte Simona noch lange ihre niedlichen Mäusezähnchen. Wenn dann doch hier und da mal einer das Wackeln anfing, so dauerte es immer noch Wochen oder gar Monate, bis dieser Zahn endlich in ihrem Zahndöschen lag und die Zahnfee einen Edelstein hinzulegen konnte. Dazwischen lagen bittere Zeiten mit vielen Tränen, vorsichtigem Essen bis dahin, gar keinen Appetit mehr zu haben, mit Abenden vor dem Spiegel, halbherzigen Versuchen, dem Ganzen ein Ende zu setzen, um letztlich doch wieder aufzugeben. Mit zunehmendem Alter schaute Nickel der Angelegenheit immer interessierter zu und zog seine Schlüsse daraus.

Und irgendwann zu Beginn seiner Schulzeit war es dann soweit. Mit einem aufgeregten »Jetzt geht's los!« stürmte er in die Küche und zeigte seinen Eltern stolz seinen ersten Wackelzahn. Von nun an hörte man die beiden Kinder manchmal fachsimpeln. Wer welchen Trick zu welcher Zeit anwenden könnte, damit der Zahn möglichst schnell herausflöge.

Lasse in der Schule hatte in einen Apfel gebissen, ohne an den Zahn zu denken. Annes Zahn hatte im Kaugummi gesteckt. Lisa hatte ihn aus Versehen im Unterricht runtergeschluckt – was schlimm war und unbedingt zu vermeiden wegen der Zahnfee! – und Olaf, der hatte in der Pause von Julian eins auf die Nase oder besser gesagt auf den Mund gekriegt und dabei den Zahn verloren.

Das hatte Nickel dann im Übrigen bei seinem nächsten Wackelzahn auch probiert und sich mehrfach auf den Mund geboxt. Das hatte aber nicht geholfen, weil man selbst eben zum Glück doch nicht so dolle hauen kann wie ein Freund, der gerade mal so richtig in Fahrt gekommen ist. Aber Nickel ging jedenfalls nicht zimperlich mit seinen Zähnen um und ließ nichts unversucht, um möglichst bald wieder von der Zahnfee beschenkt zu werden. Dazu musste man den frisch gezogenen Zahn in sein Döschen legen und am nächsten Morgen lag daneben ein wunderschöner Edelstein.

Einmal, als sein Zahn nur noch an wenigen Stellen verbunden war, da hatte er so beherzt gezogen, dass es ein reißendes Geräusch gab, welches Simona, die gerade auch im Bad war, ganz bleich werden ließ, und danach schmeckte es noch eine ganze Weile nach Blut.

Simona jedenfalls war da viel zaghafter, um nicht zu sagen ängstlicher, und quälte sich daher lange mit solchen Sachen herum.

In einem Jahr traf es sie besonders hart. Es begann kurz nach der Jahreswende, da bemerkte Simona, dass nun einer der oberen Schneidezähne zu wackeln begann. Es vergingen einige unbeschwerte Wochen, bis die Mutter irgendwann entdeckte, dass der neue Zahn da drüber bereits durchschimmerte und allem Anschein nach einfach über dem Milchzahn herauswachsen würde: »Na, dann müssen wir aber doch schauen, dass die Geschichte diesmal nicht so lange dauert.«

Außer einigen schlimmen Befürchtungen und Tränen an diesem Abend hatte die Angelegenheit aber noch kein Nachspiel.

Im Osterurlaub sah die Sache schon anders aus. Da hatte Mutter nämlich mehr Zeit. Sie besah sich den Ort des Geschehens genauer und stellte fest, dass die Spitze des neuen Zahnes nun tatsächlich schon durchgebrochen war, ohne dass sich am Zustand des Milchzahnes auch nur das Geringste verändert hatte. So verordnete sie allabendliche Wackel- und Rüttelprozeduren, die Nickel als Zuschauer amüsant fand, während Simona allmählich das Gefühl von einem versauten Urlaub bekam.

Das Frühjahr nahm seinen Lauf, die Wochen und Monate vergingen, es wurde Sommer. Langsam stand der Sommerurlaub vor der Türe. Mutter bangte offensichtlich um die gute Stimmung in den wenigen freien, gemeinsamen Wochen und so kam sie einige Tage vor der Abreise auf die Idee, Simona ein schönes Reisegeschenk zu machen, wenn sie sich entschließen könnte, den Zahn nicht auch noch in diesen Urlaub mitzunehmen.

Geschenk – das war seit jeher ein magisches Wort für Nickel, doch das heimliche Prüfen seines Gebisses in der Hoffnung, mit der Mutter in ähnliche Verhandlungen treten zu können, ergab eine erschreckende Festigkeit aller beteiligten Zähne ... schade ...

Simona wiederum war hin und her gerissen. Sie hatten sich auf einen großen Edelstein geeinigt, da sie in ein Bergsteigerdorf fuhren, ein

Angebot, das allzu verlockend war, und Simona sah ja auch ein, dass Handeln langsam nötig war, denn der neue Zahn schob sich unaufhaltsam über den alten.

Aber die Konsequenzen, wie etwa ein Besuch beim Zahnarzt oder ein entschlossenes Handeln vor dem Spiegel, waren allzu grässlich. Vater, der mit Sorge den Stimmungsverfall vor dem Urlaub beobachtete und den Einfall der Mutter sowieso nicht gut gefunden hatte, bot Simona seine Hilfe an, doch diese flüchtete jedes Mal in ihr Zimmer und beließ es bei den abendlichen, zarten Bewegungsversuchen, bevor sie mit großem Kummer und dem Gefühl eines Versagens ins Bett kroch. Die letzten Nächte vor dem Aufbruch konnte sie kaum noch schlafen.

Mutter, die längst erkannt hatte, dass ihr Vorschlag wenig Gutes bewirkt hatte, versuchte, die Lage durch eine Verlängerung des Handels zu entschärfen, indem sie anbot, das mit dem Edelstein gelte auch dann noch, wenn der Zahn im Urlaub rauskäme.

Diesen sowieso etwas verunsicherten Moment auf allen Seiten nutzte Nickel behände und taktisch für seine Zwecke und fragte, ob er ebenfalls eine Wette abschließen könne, nämlich, dass derjenige den großen Edelstein bekommen würde, der »zuerst« den nächsten Zahn draußen hätte. In Anbetracht des Vorsprunges von Simona, deren Schneidezahn sich allmählich bequemte, doch mehr zu wackeln, und um den Anreiz zu steigern, stimmte Mutter dieser Wette spontan zu, während Vater die Stirn runzelte.

Das, was nun folgte, war ein so unerbittlicher Wettlauf gegen die Zeit, sodass Mutter ihre unbedachte Absprache noch lange Zeit bereute. Wollen wir es kurz fassen: Der Urlaub wäre um ein Haar dadurch vermasselt worden, dass das Zähnethema sie von nun an jeden Tag begleitete. Nickel versuchte alles, um einen neuen Wackelzahn zu provozieren, und biss in alle möglichen harten Dinge, sodass die Eltern langsam Sorgen um die wenigen neuen, bleibenden Zähne bekamen. Simona wiederum schien das Thema tagsüber ganz gut vergessen zu können bis auf die Momente, in denen sie sehnsüchtig die Auslagen der Mineraliengeschäfte betrachtete. Abends hingegen, wenn es so richtig gemütlich hätte sein können, war sie sehr gepeinigt und ging nach längeren Wackelaktionen, die teils allein, teils mit Hilfestellung von Vater oder Mutter erfolgten, letztendlich doch weinend ins Bett.

Zu dem Zeitpunkt begann Mutter, die langsam auch verzweifelte, die Frage nach einem Zahnarzt erneut aufzuwerfen und ob das nicht die schnellere Lösung sei, aber dann wurde Simona so richtig panisch. Nein, alles, nur das nicht!

Nun, das war der Sommerurlaub. Schließlich ging es wieder in den Norden, mit selbst gefundenen Kristallen im Kofferraum und den bekannten Zähnen im Mund.

Ein Edelstein war sorgfältig verpackt heimlich von Mutter gekauft worden, denn man hatte sich darauf geeinigt, dass die Wette nun auf unbegrenzte Zeit bestehen bleiben würde … wer zuerst, der …

Allmählich wurde es Herbst, als der große Tag kam, an dem Nickel eine kleine Bewegung im Mund verspürte, mit der Zunge nachspürte, um dann alle durch einen lauten Schrei zu erschrecken: »Es wackelt, es wackelt!«

Jetzt war er also mit richtig großen Chancen zurück im Rennen. Nun kam alles darauf an. Während dies seinen Eifer anspornte, geriet seine Schwester in immer größere Nöte.

Im Spiegel sah sie, wie ihr alter Milchzahn sich allmählich hinter dem neuen Zahn versteckte. Manchmal hatte sie das Gefühl, als winke er unter diesem durch und grinse sie an. Ihn überhaupt noch zu packen und zu rütteln, wurde immer schwerer. Und während Nickel in diesen Wochen immer mehr aufblühte, versank Simona mitsamt ihrem Zahn hinter immer dunkleren Wolken.

Im Herbst riss der Mutter der Geduldsfaden. Einmal wurde der Zahnarzt kurz erwähnt. Dann hörte Simona einen heftigen Austausch der Eltern in der Küche mit schrecklichen Worten wie »Endlosquälerei«, »verlorene Zeit« und »Geduld zu Ende«.

Zwei Tage später sah sie eine Eintragung im Kalender: »9. Dezember, 15 Uhr, Simona Zahnarzt.«

Der Tag rückte unerbittlich heran. Simonas Zahn, er hing mittlerweile nur noch an zwei Fädchen, ließ sich weder beschimpfen noch beschwören, kein Bitten und kein Weinen halfen. Aber auch Nickel geriet jetzt in arge Zeitnot. Zwar hatte er seinen Zahn soweit bringen können, dass er schon eine Lücke frei gab, in die sich die Zunge hineinschieben ließ, aber das war auch alles.

Am 8. Dezember fand ihn der Vater, wie er mit einem langen Faden hantierte, ihn mehrfach um den Zahn wickelte, zu knoten versuchte, wieder löste, das Ganze um Tischbeine oder an Türgriffen befestigte, von Hand daran zog. Türen knallten, aber im letzten Moment lief er hinterher, den Kopf vorbeugend, um dann wieder auf den Faden zu treten und den Kopf nach hinten zu nehmen. Aber alles nütze nichts, da meistens einfach nur der Faden abrutschte oder riss, oder aber die ganze Aktion so langsam war, dass beim ersten Schmerz Zeit blieb, den Faden wieder zu entspannen.

Am 9. Dezember schließlich trat eine wahre Trauergesellschaft in die Zahnarztpraxis: voran Nickel mit hängendem Kopf, weil er die Wette verloren sah, Simona dahinter in einer Stimmung, als ginge es ins Gefängnis, und Mutter erschöpft von den Tagen des letzten Aufbegehrens und Resignierens, angespannt, was nun auf sie zukäme.

Schon waren alle im Behandlungszimmer untergebracht, Simona mit zitternden Knien auf dem Behandlungsstuhl, Mutter in einer Ecke des Raumes auf einem Stuhl, den grübelnden Nickel auf dem Schoß, als dieser plötzlich bei allem Elend mit funkelnden Augen zu ihr aufschaute: »Und wenn der Zahnarzt nun zuerst mir den Zahn ziehen würde? Dann hätte ich die Wette doch auch gewonnen?«

Da musste selbst die Mutter über ihre ach so unterschiedlichen Kinder lachen, was Nickel als Zustimmung verstand, und schon sprang er auf, rannte zu der Arzthelferin und zupfte sie am Kittel: »Du, könnte ich meinen Zahn nicht zuerst gezogen kriegen? Es ist dringend!«

Verwundert schaute die Helferin zur Mutter, die sich beeilte, die Wette zu erklären. Lachend wandte sich die freundliche Frau Nickel zu: »Du bist ja ein ganz mutiger kleiner Junge. Aber weißt du, der Zahnarzt zieht nur dann einen Zahn, wenn es sein muss. Dein Zahn darf sich den Zeitpunkt aussuchen, wann er reif ist, um auszufallen.«

Als der Zahnarzt wenige Minuten später in den Raum trat, traf er auf ein bizarres Bild: Im Behandlungsstuhl ein aufgelöstes kleines Mädchen, das ihn anschaute, als sei er ein Ungeheuer, daneben seine sichtlich angerührte Assistentin, in der Ecke des Raumes eine in sich zusammengesunkene Frau, die sehr erschöpft aussah, und auf ihrem Schoß hockte ein kleines, zappeliges Wesen, das mit hastigen und zackigen Bewegungen an seinen Zähnen herumwerkelte.

Denn es wäre nicht Nickel gewesen, wenn er nicht versucht hätte, buchstäblich bis zur letzten Minute um den Gewinn der Wette zu kämpfen, und noch als der Zahnarzt bereits die Zange in der Hand hielt und Simona sich dem Ende der Welt nahe glaubte, ruckte und zuckte es in der Ecke des Raumes fürchterlich und es mischte sich ein angestrengtes Stöhnen unter die Geräusche am Behandlungsstuhl, während Simona mit letzter Kraft diese Minuten tapfer durchstand.

Kurze Zeit später verließ eine königliche Gruppe die Praxis: Voran Simona, ein strahlendes Wesen, das sich wunderte, wie schnell so eine Sache erledigt werden kann: »Nur ein ganz kurzer Schmerz, gar nicht schlimm«, und nun hoch und heilig versprach, nie wieder so lange zu warten (Das Versprechen hielt allerdings nur bis zum nächsten Wackelzahn!), dahinter kam ein fröhlicher Nickel, der schließlich doch auch mal ein guter Verlierer sein konnte, als er Simonas Freude sah, und zuletzt kam die sichtlich erleichterte Mutter.

Wenige Tage später fiel dann übrigens auch Nickels Zahn ganz unspektakulär beim Essen raus und der Edelstein, den ihm diesmal die Zahnfee brachte, war zu seiner Freude auch recht groß.

Nickel und die Schule

Nickel und die Schule, das ist so ein ganz eigenes Kapitel. Er wusste nicht so recht, was er von der Schule halten sollte. Zuerst hatte er sich doch so sehr darauf gefreut. Es schien der Weg zu sein, um endlich auch erwachsen zu werden, und er hatte lange Jahre neidisch auf Simona geschaut, wenn sie ihren Rucksack schulterte und jeden Morgen loszog, während man ihm sagte, dafür sei er noch zu klein. Dementsprechend stolz und aufgeregt war er, als er endlich auch Schüler sein durfte. Am ersten Schultag hatte er seine Eltern früh morgens am Bett überrascht, als er fertig angezogen, sogar gekämmt und mit seinem Schulranzen vor ihnen stand und ungeduldig fragte, ob es denn jetzt losgehen könne, während draußen die Sonne gerade erst aufging und es noch viele Stunden bis zur Einschulungsfeier dauerte. Auch die ersten Tage danach war er voller Vorfreude und Erwartungen immer ganz früh auf den Beinen und konnte es gar nicht abwarten, etwas zu lernen.

Doch das lag bereits viele Monate zurück. Sein Eifer war fast genauso schnell vergangen wie die Sonnenblume, die er zur Einschulung bekommen hatte, ihre Blätter abgeworfen hatte. Bald schon merkte er, dass das mit dem Lernen nicht so schnell ging, wie er sich das gewünscht hätte, und er verstand nicht, warum. Vieles, was sein Klassenlehrer Herr Seele sagte, war doch eigentlich logisch, aber wie oft runzelten seine Nachbarn in der Klasse die Stirn und dann fing der Lehrer nochmal von vorne an zu erklären. Da langweilte sich Nickel allzu schnell und guckte lieber aus dem Fenster. Und Herr Seele, der das wohl sah, wunderte sich gewaltig, wenn er Nickel plötzlich aufrief und dieser wie nebenbei die richtige Antwort gab, obwohl er doch die ganze Zeit aus dem Fenster geguckt und ganz verträumt gewirkt hatte.

Schon lange machte es auch morgens keinen Spaß mehr, für die Schule aufzustehen und wenn seine Mutter ungeduldig wurde, murrte er: »Im Schlaf lerne ich mehr als in der Schule.«

Da hatte auch die Mutter bald keine Lust mehr auf die Diskussionen, die jeden Morgen an seinem Bett stattfanden, weil Nickel nicht aufstehen wollte. Komischerweise war es am Wochenende genau umgekehrt. Da wollten seine Eltern ausschlafen, was Nickel gar nicht verstehen konnte, denn das waren doch die interessantesten Tage der Woche und so stand er dann ganz oft bereits am Bett der Eltern, wenn der Tag noch nicht so recht beginnen wollte und seine Eltern sich die Decken über den Kopf zogen, sobald sie seine leisen Schritte im Flur nahen hörten.

Kurzum, um die morgendlichen Streitereien zu beenden, durfte sich Nickel eines Tages bei einem Einkaufsbummel einen schönen

Wecker aussuchen, damit dieser ihn künftig für die Schule wecken könne. Nickel wählte einen mit schönen Zahlen und bunten Farben und war ganz beglückt über die neue Errungenschaft, konnte er die Uhr doch bereits schon eine ganze Weile lesen.

Was weder er noch seine Mutter im Geschäft bedacht hatten, war, das Klingeln des Weckers auszuprobieren, denn sie hatten nur nach dem hübschen Aussehen geschaut. So traf es sich, dass an dem ersten Morgen – natürlich war es ausgerechnet ein Sonntag, an dem Nickel sich von seinem neuen Wecker wecken ließ – die ganze Familie von einem wahren Höllenlärm geweckt wurde, denn dieser Wecker war nicht nur bunt, sondern auch schrill und laut.

Zwei Wochen später war Mutter gerade nach einem langen Tag erschöpft ins Bett gesunken, als sie bemerkte, dass ihr eigener Wecker nicht mehr funktionierte. Zu faul, um der Sache zu dieser Uhrzeit noch auf den Grund zu gehen, holte sie sich rasch von nebenan Nickels Wecker und schlief auf der Stelle ein.

In dieser Nacht hatte sie einen komischen Traum. Sie bewegte sich mit ganz vielen Menschen durch einen großen Raum. Es war eng und stickig und wurde immer bedrohlicher. Da ertönte plötzlich ein grässlicher Feueralarm und alle Menschen rannten wirr durcheinander. Auch die Mutter versuchte, den Raum zu verlassen, entdeckte ein niedriges Fenster, kletterte auf den Fenstersims, sprang mutig hinab und ... saß völlig verwirrt auf dem Boden vor ihrem Bett.

Im Hintergrund vernahm sie ein Lachen und die beruhigende Stimme von Nickels Vater: »Keine Sorge, die Welt geht nicht unter, das war nur Nickels Wecker.«

Kurz ließ sie sich nochmal ins Bett sinken, um das alles zu verdauen, aber dann wollte sie den Wecker doch zurückbringen, bevor Nickel aufwachte. Leise schlich sie ins Zimmer ihres Sohnes und wollte den Wecker behutsam abstellen, als sie unter der Bettdecke ein Auge anblickte: »Warum hast du meinen Wecker genommen, du magst ihn doch gar nicht?«

»Es war nur in einer Notsituation gestern, ich war so müde und meiner funktionierte nicht mehr.«

Da saßen sie dann einen Moment ganz still beieinander, so wie in der Zeit vor dem blöden Wecker und den noch blöderen Kämpfen am Morgen, und plötzlich sagte Nickel: »Es war schon viel schöner, als du mich geweckt und mir über den Kopf gestrichen hast.«

Dann dachte er eine Weile nach: »Aber andererseits ... meinem Wecker kann ich auf den Kopf hauen und dann ist er still und ich kann weiterschlafen.«

Ab da fingen die Wochentage für alle wieder entspannter und ruhiger an und der schreckliche Wecker wurde lange nicht mehr gehört.

Die Freude an der Schule hingegen stellte sich nicht mehr ein und so sah Nickel sich nach anderen anregenden Dingen um.

Als Vater einen Hochsitz baute ...

Inzwischen war das Ende des ersten Schuljahres erreicht. Herr Seele und die Eltern begriffen langsam, dass Nickel schon ein besonderes Kerlchen war, das, wie der Lehrer es ausdrückte, immer eine Extraportion brauchte, um satt zu werden ... geistig gesehen versteht sich.

Und auch die Eltern stöhnten manchmal angesichts der vielen, oft guten Einfälle Nickels, die alle eins gemeinsam hatten: Viel Arbeit für die anderen!

Und so gab es am Ende des ersten Schuljahres einen ganz besonderen Plan, der in Nickels Kopf lebte: Auf dem Gelände von Vaters Schule stand ein Hochsitz, den ein Künstler gebaut hatte und der nach einer kurzen Aktion, die man Ausstellung nennt, verlassen und verwaist dort stehen geblieben war. Als Nickel davon erfuhr, war sein größter Wunsch, diesen Hochsitz zu bekommen als Ausgangspunkt für seine Forschungen. Denn dass er Forscher werden wollte, stand für ihn inzwischen fest. Was er erforschen wollte, das wusste er noch nicht so genau beziehungsweise das wusste er schon, aber es wechselte fast täglich: die Sterne, die Pflanzen, die Tiere und vieles mehr. Das Praktische war, dass man von diesem Hochsitz aus fast alles erforschen können würde.

»Das ist klasse, um die Sterne zu erforschen, denn da ist man ihnen schon ein wenig näher«, sagte er einmal und als die Mutter daraufhin gedankenverloren nickte, lachte er nach einer kleinen Pause laut heraus: »Ach, Quatsch, die paar Meter Unterschied bringen es ja nun auch nicht.«

Nun, die Sache mit dem Hochsitz war nicht so einfach. Am meisten zierte sich der Vater, denn er sah wieder eine große Aufgabe auf sich zukommen, zusätzlich zu den unangenehmen Verhandlungen mit dem Künstler und den Transportproblemen. So zog sich die Angelegenheit lange hin. Die Osterferien waren schon tatenlos vergangen und als die Sommerferien bereits nahten, schien sich die Sache nicht zu Nickels Gunsten hin zu entwickeln. Der Künstler kam zu keiner Entscheidung, der Vater wich dem Thema aus und Nickel wurde immer besorgter um seine Forschungsstation.

Einmal in der Schule hatten sie gerade wieder über Sterne gesprochen, da vertraute sich Nickel Herrn Seele an. Er erzählte und erzählte von dem schönen Hochsitz, von seinem Wunsch, von den Schwierigkeiten. Irgendwie war es ihm damit wohl gelungen, dass sein Lehrer ein ganz offenes Ohr und weites Herz für seine Sache bekam. Wie staunten da die Eltern, dass wenige Wochen später der Hochsitz sogar einen Platz im Zeugnis gefunden hatte als »Herzenswunsch ihres lieben Sohnes«. Betroffen sahen sich Vater und Mutter an, bis Vater schließlich seufzte: »Na, wenn die Sache so ernst ist …«

Danach versank er in tiefstes Grübeln und tagelanges Schweigen. Aber dann … in der zweiten Ferienwoche geschah ein Wunder.

»Du, Niclas, heute Nachmittag musst du mal mit mir zur Schule kommen, mir helfen.«

Das Wort »helfen« berührte Nickel wie immer etwas negativ und so fragte er erst mal misstrauisch: »Ich … dir helfen … in deiner Schule … warum das denn?«

»Na ja, ich habe die Sache mit dem Hochsitz ins Rollen gebracht. Heute Nachmittag haben wir den Traktor vom Hausmeister. Damit holen wir den Hochsitz.«

Was für ein Freudentag! Und da spielte es auch keine Rolle, dass es just an diesem Tag seit Wochen das erste Mal so richtig dolle regnete und Sturzbäche vom Himmel fielen. Beide zogen sich wetterfeste Sachen an und dann ging es los. War das eine spannende Aktion, wie die Pfosten aus der Erde gebuddelt wurden und dann das ganze Gestell auf den Anhänger des Traktors gehievt werden sollte.

Aber wie das im Leben so ist … es gibt immer Hindernisse und so geriet die ganze Holzkonstruktion plötzlich in ein bedrohliches Schwanken, neigte sich kurz in die eine Richtung, dann in die andere, und der ganze Hochsitz krachte auf einmal wie ein stürzender Riese zur Seite.

»Weg da!«, konnte der Künstler gerade noch schreien. Der Hausmeister konnte gerade noch wegspringen. Vater konnte seinen Nickel gerade noch packen und zur Seite reißen. Und dann standen sie alle vor einem Hochsitz, der aussah wie nach einem fürchterlichen Erdbeben. Vor lauter Regen konnte man bei den vier Personen, die da als verlorenes Grüppchen zusammenstanden, nicht sagen, ob die Tropfen im Gesicht Regentropfen, Schweißperlen oder bittere Tränen waren, vielleicht eine Mischung von allem.

Vater, der Tatkräftigste und Praktischste von allen, meinte schließlich: »Da hilft nichts, wir müssen alles zerlegen und dann sehen wir weiter.«

So sah die Mutter erst Stunden später als angekündigt den lang erwarteten Zug von Autos und Traktor in den Hof einfahren und ahnte bald, was passiert war, als in der regendurchweichten Wiese schließlich ein großer Haufen aus Stämmen und Brettern lag, ein »Hochsitzbausatz ohne Anleitung« wie Vater es ausdrückte. Bei all dem Elend – Nickel war hochzufrieden und gar nicht verzagt, denn nun hatte er seinen Hochsitz, zumindest theoretisch, und außerdem hatte er einen Papa, der immer eine Lösung fand.

Damit lag er auch gar nicht so daneben.

Zwei Wochen später, da waren die Ferien schon voll im Gange, kam lieber jährlicher Besuch aus Süddeutschland: ein kräftiger Bildhauer. Bei einem ersten schönen Kaffeetrinken wurde über alle möglichen kreativen Aktivitäten gesprochen, die man in diesen Ferien machen könnte, und Vater erzählte von der gerade gescheiterten kreativen Projektidee mit dem Hochsitz. Nickel hatte während des ganzen Gespräches seine Ohren gespitzt und hätte am liebsten laut gejubelt, als der starke Freund spontan seine Hilfe anbot. Die nächsten zwei Tage waren von Klopfen und Sägen, Hämmern, Lachen und Fluchen angefüllt. Nickel, der spürte, dass bei dieser Aktion seine Mithilfe gut ankäme, gesellte sich zu den Männern und bereicherte die Szene durch gute Vorschläge und Ideen. Manches war dabei pfiffig erdacht. Einige Konstruktionen zum Ersparen von Muskelkraft, zum Beispiel die Konstruktion eines Flaschenzuges für jedes Brett und Brettchen, sparten tatsächlich Kraft, aber gewiss keine Zeit, sodass die beiden Männer viel Geduld und Humor bei diesem fleißigen Helfer aufbringen mussten.

Dann war das Werk vollendet. Einige Bretter des Bausatzes waren übrig, was aber keinen störte, nur dass die Mutter gleich besorgt darauf hinweisen musste und ihre Sicherheitsbedenken äußerte. Dann wurde die Einweihung gefeiert und auch die Kinder aus dem Nebenhaus wurden hierzu eingeladen. Nachdem man sich fünf Minuten lang gestritten hatte, wer die Ansprache zu diesem besonderen Anlass halten solle, entschlossen sie sich, dass es reihum geschehen könne und jeder einen Satz sagen solle:

»Liebe Anwesende, wir alle haben uns hier versammelt,
um den denkwürdigen Tag zu begehen (Vater),
… dass dieses wunderbare Bauwerk nach langer Wartezeit
an diesem schönen Ort wieder aufgebaut werden konnte (Bildhauer),
… zur Freude aller Anwesenden, vor allem der Kinder (Simona)
… und aller Besucher (Raphaela)
… und ohne dass es Verletzte gegeben hat (die immer besorgte Mutter),
… und wann können wir jetzt essen? (Maya),
… und deshalb guten Appetit (Nickel).«

Dann stürzten sich alle auf die Gummibärchen, die Nickel anlässlich des Festes von seinem Taschengeld gestiftet hatte, und den Kuchen, den die Mutter gebacken hatte.

Alle strahlten, Nickel am allermeisten, aber wer an den kommenden Tagen am häufigsten auf dem Hochsitz war, die kleinen Kinder oder die Männer, das weiß keiner, gezählt hat die Stunden jedenfalls niemand.

Auch Simona war ab und zu oben zu sehen, fröhlich winkend.

Eine andere Sache war das mit der Mutter. Die hatte nämlich Höhenangst und fand den Hochsitz mit seinen fast fünf Metern doch ziemlich gewaltig.

Auf halber Strecke, genau auf den Stufen mit dem größten Abstand, denn so ganz gleichmäßig waren die Stiegen nicht angebracht, beschloss Mutter am ersten Tag, die Sache für sich zu beenden und auch am zweiten Tag kämpfte sie furchtbar mit ihren Ängsten und brach den Aufstieg bei Stufe fünf ab. So begnügte sie sich zunächst damit, der stolzen Gemeinschaft in luftiger Höhe von unten freundlich zuzuwinken.

Doch dabei sollte es nicht bleiben.

… und Mutter dort vergessen wurde

Der Mutter ließ das Ganze keine Ruhe, weil sie doch so gerne einer Einladung von Nickel auf den Hochsitz gefolgt wäre. So übte sie fleißig und vor allem heimlich und nahm diese Übung als Chance, ihre Höhenangst zumindest ein wenig zu überwinden.

Tatsächlich, am vierten Tag gelang ihr die entscheidende letzte Stufe, bei der man sich ein bisschen um die Ecke schwingen musste, um auf der Plattform zu landen. Die Welt unter ihr schien sich kurzzeitig ein wenig schneller zu drehen, aber sie holte einfach tief Luft und konzentrierte sich auf einen Baum nebendran, der die Höhe ein wenig abzumildern schien.

Wie strahlte sie, als sie am nächsten Tag verkündete: »Nickel, heute komme ich dich auf deinem Hochsitz besuchen.«

Und wie weidete sie sich an den überraschten Blicken ihres Sohnes. Am Nachmittag ging's dann los und Nickel war eifrig bemüht, es der Mutter mit Kissen und Decken so behaglich wie nur möglich zu machen. Als sie etwas bleich, aber glücklich schließlich ihre Nase zur Öffnung der Plattform hereinsteckte, war alles schön gerichtet und geschmückt und Nickel bot ihr an, er könne ihr auch noch ein Höckerchen holen, sodass sie bequem den Ausblick genießen könne. Sie nahm das dankbar an, nur schien es sie nicht zu beruhigen, dass Nickel kurz darauf schwer bepackt und einhändig kletternd erneut den Aufstieg anstrebte. Dann richteten sie es sich so richtig gemütlich ein, Nickel auf dem kleinen Hocker, bei dem das mittlere Brett immer herausfiel, und Mutter auf dem höheren Hocker, der schon ganz morsch und wackelig war und bei jeder Bewegung nachgab. Sie redeten vom Forschen und nächtlichen Tieren, die man hier beobachten könne, und die Stimmung war sehr einträchtig. Als Nickel von der Idee sprach, sich dort oben eine Schatz- und eine Essensecke einzurichten, war der Mutter gerade so wohl zumute, dass sie ihm spontan und großzügig ihre Keksdose mit den schönen Verzierungen samt Inhalt aus ihrem Vorratsschrank anbot. Hast-du-nicht-gesehen war Nickel schon nach unten geschlüpft, um dieses Angebot gleich umzusetzen, und eilte über die Wiese. Die Mutter konnte da nur staunen und sich besorgt fragen, wie er wohl so schnell da runter käme. Doch die Beunruhigung war rasch vergessen, als Nickel mit der Dose erschien und beide sich über die duftenden Plätzchen hermachten.

Mit einem Gemurmel von »trinken« und »ich bin gleich wieder da« hüpfte Nickel ein drittes Mal von dannen und auch die Mutter merkte, wie sie von den ganzen Keksen langsam Durst bekam.

Der Nachmittag nahm seinen Lauf. Sich still der Sonne hingebend, auf die Geräusche des Waldes lauschend, hing Mutter ihren Gedanken nach und genoss die Minuten der Ruhe nach einem stressigen Arbeitstag. Schön, dieser Platz hier, wenn man erst mal oben war, weit über den Dingen, dachte sie, beobachtete die Schafe und die Ponys und sah weit hinten ihre Tochter Simona einträchtig mit den Nachbarskindern spielen. Nicht lange und auch diese kleine Kinderschar zog weiter übers Gelände, wie eine kleine Schafherde, dachte die Mutter. Eine friedliche Spätsommerstille breitete sich aus.

Irgendwann bemerkte sie dann allerdings, dass ihr Nickel nicht mehr zurückkam und dass ihr Durst sich langsam deutlich meldete.

Was hatte er ihr beim Weglaufen noch zugerufen?

»Ich bin gleich wieder da.«

Und sie hatte zurückgerufen: »Ich kann auch wieder runterkommen.«

»Ach, nein, bleib doch bitte noch, es ist gerade so schön mit dir da oben«, flehende Kinderaugen hatten sie angeschaut: »Ich komme ganz schnell wieder.«

»Was ist eigentlich, wenn ich es nicht mehr schaffe, runterzukommen?«, hatte sie ihm noch scherzend nachgerufen.

»Dann hole ich die Feuerwehr«, hatte er gerufen, bevor er verschwand.

Nun kam es der Mutter so vor, als sei das alles schon sehr lange her gewesen und langsam überlegte sie, ob sie sich jetzt ärgern solle. Ach, warum eigentlich, dachte sie dann, was gibt es Besseres, als diese Ruhe hier genießen zu können? Wieder tauchte sie in einen seligen Zustand des Nichtstuns ein und erwachte daraus eigentlich erst, als sie merkte, dass die Sonne inzwischen so gewandert war, dass sich der Schatten über ihren Platz senkte und ihr allmählich neben dem Durstgefühl auch noch der Rücken weh tat. So trat sie schließlich mit verwirrten Gefühlen und steifen Gliedern den Rückweg an, bevor tatsächlich die Feuerwehr kommen musste.

Auf der Suche nach Nickel tat sie gut daran, den Kinderstimmen zu folgen und als sie ihn schließlich fand, schaukelte er glücklich inmitten einer großen Kinderschar im vorderen Teil des Hofes.

»Nickel!«, hörte er plötzlich eine ihm allzu vertraute Stimme ..., »Nickel, du hast mich wohl vergessen!«

»Ach, Mama, ich wäre noch zu dir gekommen.«

Es kam ihm wie gerade eben vor, dass er die Mutter verlassen hatte, um ein Getränk für beide zu holen, und wer war ihm da über den Weg gelaufen? Florian, der von seiner Mutter spontan gebracht worden war. Auch er wollte doch unbedingt den neuen Hochsitz sehen. Und während Nickel ihm begeistert von der ganzen Bauphase erzählte und davon, wie gemütlich er es sich gerade mit seiner Mutter auf dem Hochsitz gemacht und wie sie ihm eine riesige Dose mit Keksen geschenkt habe, da waren sie so nebenbei an der Schaukel angekommen, und was lag da näher, als eine Runde zu schaukeln? Ja, und dann waren auch die anderen Kinder des Hofes gekommen. Raphaela und ihre Schwester Maya. Auch Simona war dabei. Sie hatte gerade den kleinen Max auf dem Arm, der nun der jüngste Mitbewohner war und zu der Familie von Raphaela gehörte. Endlich war noch ein Junge auf dem Hof, aber mit ihm konnte man noch nicht herumtollen und Fußball spielen. Dafür war er noch zu klein.

Ach, irgendwie war es ganz schön, so mitten in der großen, gemischten Kinderschar vom Baby bis zur Jugendlichen und heute war es auch mal richtig friedlich miteinander, selbst mit Raphaela. Das fand wohl auch Mutter, als sie bei der Gruppe ankam, denn ihr Blick wurde schnell milder, als sie die zufriedene Stimmung, die über diesem spätsommerlichen Gartenbild lag, auf sich wirken ließ.

Nur mit einem Satz wurde die Sache am Abend doch nochmal von ihr aufgewärmt, als sie ihn ins Bett brachte.

»Daraus mache ich das nächste Kapitel zu deinem Buch«, sagte sie mit einem Schmunzeln. Sie hatte sich inzwischen vorgenommen, all die Nickel-Anekdoten in einem Buch zu verewigen. Und während

Nickel sonst zu protestieren pflegte, sagte er diesmal, ganz froh, so glimpflich davon gekommen zu sein: »Ist in Ordnung, aber warum schreibst du in dem Buch eigentlich immer einen falschen Namen?«

»Damit dich keiner erkennt, der das Buch liest.«

»Aber dann sollst du auf der letzten Seite eine Liste machen und dazu schreiben, wer wir eigentlich sind.«

Doch bis das Buch fertig wurde, sollten noch Jahrzehnte vergehen!

Ein nicht ganz gewöhnlicher Sonntag

Nickel besaß, wie schon erwähnt, die Eigenschaft, am Wochenende besonders früh aufzustehen. Die Eltern hatten sich daran gewöhnt und mit ihm ausgehandelt, dass er sie erst um neun Uhr aufwecken dürfe. Dieses Kunststück einzuüben, hatte eine ganze Weile gedauert, doch inzwischen waren beide Seiten damit recht zufrieden. So kam es dann, dass Nickel weiterhin recht früh aufstand, sich aber selbst in seinem Zimmer oder den angrenzenden Zimmern beschäftigte. Dies konnte eine leise Beschäftigung sein. Gelegentlich wurde es aber auch ein wenig laut bei seinen Aktivitäten, dann nämlich, wenn Nickel mehr zum Handwerklichen überging. An solchen Sonntagen kam es auch vor, dass man plötzlich Hammerschläge oder andere seltsame Geräusche im Haus hörte. Wenn die Eltern schließlich aufstanden, glich sein Zimmer einer Werkstatt und mittendrin saß Nickel stolz mit seinen neuesten Werkstücken. Dies konnte zum Beispiel ein Flugautoboot sein oder eine Maschine zur Herstellung aller Lieblingsessen per Knopfdruck. Einmal kam es vor, dass morgens um neun Uhr bereits der ganze Flur (und es handelte sich dabei um eine Länge von elf Metern) mit einer Reihe aneinander geklebter DIN-A4-Blätter ausgekleidet war. Ein Tiefseebild, wie Nickel erklärte, und tatsächlich, auf dem Bild sah man alles Mögliche an Meerestieren, Tauchern, U-Booten mit Schnüren und Leitern, die über die ganze Strecke in die Tiefe führten, und ganz unten am Meeresgrund eine Taucherkapsel zur Beobachtung der gefährlichen Meerestiere.

Nickel hatte ja längst beschlossen, ein Forscher zu werden, und die frühen Morgenstunden nutzte er dementsprechend für seine Forschung. Es war die Zeit, in der ihn niemand störte, keine Ratschläge zu erwarten waren und kein Dazwischenreden, gesegnete Stunden, in denen er seine Ruhe hatte vor den Meinungen der großen Menschen, und vor allem war es günstig, dass die Eltern froh und gut gelaunt erwachten, dankbar, nicht geweckt worden zu sein. So hatte er dann einen gewissen Bonus, selbst wenn seine Tätigkeiten wie Bohren von Löchern und Hämmern ein wenig an die Grenze gegangen waren, selbst wenn die Unordnung maßlos wurde. An einem solchen Sonntagmorgen streichelten ihm Mutter oder Vater immer noch nachsichtig über den Kopf, wenn sie sonst schon längst über sein Chaos gemeckert hätten.

Gelegentlich kam es aber auch vor, dass Nickel vorzeitig Langeweile spürte. Dann schlich er sich auf leisen Sohlen in das elterliche Schlafzimmer, um zu prüfen, ob sie denn auch wirklich schliefen. Auch damit hatten sich die Eltern abgefunden und hatten eifrig trainiert, in solchen Fällen ganz still zu verharren, die Augen geschlossen und ruhig zu halten und die Atmung so gleichmäßig wie möglich fortzuführen. Wenn es ihnen auf diese Weise gelang, sich schlafend zu stellen, schlich Nickel sich wieder genauso vorsichtig aus dem Zimmer und versuchte sein Glück bei Simona. Aber auch diese hatte die Kunst des Schlafenstellens allmählich gelernt und profitierte nun ebenfalls von den langen Morgenstunden.

An diesem Sonntag aber war alles irgendwie anders. Zwar wurde die Mutter auch diesmal wieder recht früh durch ein Geräusch im Badezimmer daran erinnert, dass ihr Sohn ein Frühaufsteher war, und leise seufzend drehte sie sich im Bett herum und versuchte das Programm abzuspulen: »Ich schlafe weiter und höre nichts.«

Dies gelang auch eine ganze Weile und sie hatte schöne Träume, bis plötzlich ein Ton an ihre Ohren klang, der sie verwundert aufhorchen ließ: Aus der Küche drang ein Geräusch, als ob jemand mit Geschirr umgehe. Ein eifriges Werkeln war zu hören. Es klapperte in allen Ecken. Manchmal schepperte es so laut, dass die Mutter das Gefühl hatte, ihr halbes Geschirr würde zertrümmert. Irgendwann wurde auch der Vater von den Geräuschen wach und mit einer schnellen, für ihn ungewohnten Bewegung war er aus dem Bett und schlich sich davon. Danach war es eine Weile ganz still. Die Mutter wäre beinahe wieder eingeschlafen, doch da knallte plötzlich die Haustüre unten am Ende der Treppe. Und wieder war es still. Dann glaubte die Mutter, sie hätte ein Auto wegfahren hören. Ein seltsamer Morgen, dachte sie.

Und dann fiel ihr plötzlich ein, dass heute Muttertag war.

Na, ich bin gespannt, was die beiden sich da ausdenken, grübelte sie, lächelte vor sich hin und versuchte noch ein Weilchen zu schlafen.

Im Traum sah sie einen wunderschönen, sonnigen Frühstückstisch mit Blumen und Kerzen und roch den Duft von frischen Brötchen. Als sie auf diesen Tisch zuging, sprang aber plötzlich eine schwarze Katze mitten drauf und dann roch es auf einmal ganz verbrannt. Mit diesen seltsamen Gefühlen wurde sie wach. Alles war nur ein Traum.

Aber halt, der seltsame Geruch lag wirklich im Raum!

Als sie richtig wach war, sprang sie erschrocken aus dem Bett und rannte in die Küche. Dort kam ihr bereits eine kleine Rauchfahne entgegen. Sie fand einen schön gedeckten Frühstückstisch vor, geschmückt mit Blumen und kleinen Leckereien. Auch hatte Nickel liebevoll Kerzen auf dem Tisch verteilt und in Saftgläsern kunstvoll Servietten dekoriert. Zur Probe hatte er offensichtlich eine Kerze schon angezündet. Unglücklicherweise war ein Zipfel von einer Serviette, die aus einem Glas hing, mit der Flamme in Berührung gekommen. Nun brannte die Serviette munter in dem Glas vor sich hin. Dies alleine hätte wohl nicht so gequalmt, hätte nicht auch der Blumenstrauß, der gleich neben dem Glas platziert war, ebenfalls angefangen zu kokeln. Mit einem lauten Schrei griff die Mutter nach einer Decke auf dem Sofa und warf diese über den gesamten Frühstückstisch. Gleich darauf griff sie sich eine Wasserkanne und schüttete Wasser über das Ganze. Sie musste dies einige Male wiederholen, doch dann begann der Rauch nachzulassen und die Mutter hatte das Gefühl, es geschafft zu haben. Erschöpft sank sie auf den nächsten Stuhl nieder.

So fanden sie der Vater und Nickel, als sie freudestrahlend mit einer großen Brötchentüte in die Küche traten. Natürlich war der Schreck für Nickel groß. Was hatte die Mutter denn da mit seinem schönen Frühstückstisch angefangen? Er war extra früh aufgestanden, hatte Blumen im Garten geholt und alles schön dekoriert. Wie hatte er sich auf dieses Frühstück gefreut und der Mutter eine Freude machen wollen. Und nun dieses hier. Verzweifelt brach er in Tränen aus.

»Mama, was hast du mit dem schönen Tisch gemacht?«

Nun musste auch die Mutter weinen und beide erzählten sich unter Tränen ihre Geschichten. Etwa eine Stunde später, als Simona aufgewacht war und in die Küche kam, fand sie ein friedliches Bild. Ein schön gedeckter Kaffeetisch, frische Blumen, ein bisschen verbrannter Geruch, so als ob ein Toastbrot zu lange im Toaster gewesen wäre, daneben aber auch eine Schale mit vielen leckeren Brötchen. Vater, Mutter und Nickel saßen bereits. Alle hatten komischerweise so verweinte Augen.

»Herzlichen Glückwunsch zum Muttertag. Wer hat den Tisch denn schon so schön gedeckt?«

Im ewigen Schnee

Mutter stand am Telefon und rief: »Nickel, dein Freund Elmar ist am Apparat. In den Weihnachtsferien fährt er mit seinen Eltern hier vorbei auf dem Weg zur Großmutter. Er würde dann eine Nacht hier Zwischenstopp machen. Willst du auch noch mit ihm sprechen?«

Was freute sich Nickel, wieder mal die Stimme von seinem neuen Freund Elmar zu hören. Sie hatten sich letzten Sommer im Südschwarzwald kennen gelernt, wo Nickel mit seiner Familie auf einem

Bauernhof von Freunden Urlaub machte. Elmar war gerade neu ins Nachbarhaus eingezogen. Die beiden Jungs hatten die ganzen Tage zusammen herumgetollt, hatten beide viel Spaß beim »Erforschen« von Käfern, Vögeln, Kröten und vielen anderen Dingen und sprachen manches Mal über eine gemeinsame Vorliebe: Norddeutschland!

Auch in diesem wesentlichen Punkt waren sie sich einig. Beide waren sie Norddeutsche! Jawohl – durch und durch! Da spielte es keine Rolle, dass Elmars Mutter ebenfalls ursprünglich Süddeutsche war, genauso wie Nickels Vater. Elmar hatte die ersten sieben Jahre seines Lebens in Norddeutschland verbracht und war tief traurig, dass er nun alle lieben Freunde und Tiere, Lehrer und Dinge, das Haus mit dem kleinen Teich, den Spielplatz vor dem Haus seines besten Freundes und vieles mehr verlassen musste, nur weil sein Vater angeblich eine bessere Stelle bekommen hatte und seine Mutter sowieso schon lange wieder zurück in ihre Heimat wollte.

Tja, und da Nickel ohnehin in jedem Urlaub ganz schnell Heimweh nach seinem Spielzeug, den Tieren, neuerdings dem Hochsitz und manchmal sogar dem Bleichgesicht Raphaela bekam, verstanden sich die beiden Freunde bestens in der Klage, dass der Schwarzwald zu bergig, die Bäume zu dunkel, die Schule zu weit weg und der Süden überhaupt doof war. Am Ende der Sommerferien konnten sie sich nicht mehr voneinander trennen und Nickel zog sogar in Erwägung, für so einen tollen Freund häufiger Urlaub im Süden zu machen. Kurz vor der Abfahrt durchsuchten seine Eltern nochmal gründlich den Wagen in der Sorge, Elmar habe sich vor lauter Heimweh und Abschiedsschmerz irgendwo mit zu den Gepäckstücken geschmuggelt.

So und nun, ein halbes Jahr später, wurde der Traum also wahr und Nickel würde seinem Freund bald alle seine Schätze, seine Tiere, seine Spielsachen, seinen Hochsitz zeigen können. Freudig griff er nach dem Hörer, um schon mal das Notwendigste zu planen. Kurz darauf hörte die Mutter im Vorbeigehen einen Teil des Dialogs, der sie stutzig machte.

»… ja, bring unbedingt deinen Schlitten mit! … ja, doch Weihnachten fahren wir immer Schlitten … und meistens auch Ski! … nein, Abfahrt auch, bei uns auf der Düne … und Langlauf auch, durch den Wald … klar geht das, Schnee ist hier jedes Jahr … doch, doch, bringt all eure Ausrüstung mit … du kannst mir glauben … nein … doch … warte, ich rufe meine Mama und du deine, die besprechen das dann.«

Mutter fand am Telefon eine verwirrte andere Mutter vor, nämlich die von Elmar, die versuchte, die aufgeregten Brocken ihres Sohnes zusammenzufassen: »Was hat Nickel gesagt? Wir sollen die ganze Ausrüstung mitbringen? Langlauf und Abfahrt? In welcher besonderen Ecke in Norddeutschland wohnt ihr denn eigentlich?«

»An einem Naturschutzgebiet in der norddeutschen Tiefebene«, sagte Nickels Mutter nicht ohne Stolz und fügte dann vermittelnd hinzu: »Also wir haben hier mit einer zehn Meter hohen Düne die höchste Erhebung weit und breit … ja, tatsächlich, im letzten Jahr konnten wir hier über sechs Monate Schlitten fahren … äh, meistens ein bis zwei Tage pro Monat, denn wir haben das Glück, dass am sogenannten Nordhang der Düne oftmals einen halben Tag länger Schnee liegt als in der ganzen Umgebung, wo man längst wieder die braune Erde sieht, und da das ein absoluter Insidertipp ist, sind wir auf der fünf Meter langen Piste meistens allein.«

Danach lachten dann anscheinend beide Mütter eine ganze Weile, was Nickel mächtig ärgerte, und ein bisschen peinlich war es ihm auch.

Aber auch der Mutter war es wohl ein wenig unangenehm gewesen, denn nach dem Telefonat rief sie Nickel zu sich: »Nickel, du darfst nicht immer so auftrumpfen, das kann mal ganz dumm für dich enden.«

»Aber es war doch alles wahr!«, sagte Nickel mit hochrotem Kopf.

»Weißt du, bei Menschen, die im Schwarzwald leben, lösen deine Angaben ganz andere Bilder aus«, und sie versuchte ihm zu erklären, dass das, was er Schnee nannte, für Süddeutsche wie Puderzucker auf Kuchen sei, und dass es dort Schnee gäbe, der höher als Nickel selbst sei. Nun wiederum guckte Nickel seine Mutter ganz skeptisch an. Das kam ihm doch ein wenig geflunkert vor, aber er wollte nicht noch mehr Streit riskieren. So hörte seine Mutter als letzte Verteidigung, bevor er in seinem Zimmer verschwand: »Aber bestimmt nicht sechs Monate lang wie hier!«

Nun, zum Glück hatte Elmar doch nicht seine ganze Ausrüstung mitgebracht, denn das Weihnachtsfest fiel in diesem Jahr in Norddeutschland mal wieder buchstäblich ins Wasser. Im darauffolgenden Januar wurde es sogar so warm, dass man denken konnte, man sei in Spanien, und als dann aber im Februar die Krokusse bereits blühten, da ging es plötzlich mit dem Schnee los. Und wie viel in diesem Jahr vom Himmel kam! Nacht für Nacht fielen Unmengen, morgens war es eine wahre Schneepracht und man wusste kaum, wie man die Kinder zur Schule fahren sollte, und jeden Mittag, wenn sie freudig aus der Schule kamen, um eine Schlittenfahrt zu machen ... war schon wieder alles weggetaut.

Das war eine Enttäuschung. Nickel wurde im Verlauf der Woche immer gereizter und als ob er es mit den Wettergöttern aufnehmen wollte, lud er sich für jeden Nachmittag Freunde zur Rodelpartie ein.

Da kamen sie dann aus den Nachbardörfern mit skeptischen Gesichtern und schmunzelnden Eltern. Aber jeden Nachmittag zog Nickel mit Schlitten und Rodelteller los, setzte eine siegessichere Miene auf, gefolgt von seinen verwunderten Freunden, an den grinsenden Eltern vorbei seinem »Nordhang« entgegen. Und wie staunten die anderen Eltern einige Stunden später, wenn sie ihre ausgetobten, rotwangigen Kinder wieder holten und diese ihnen von waghalsigen, schnellen Abfahrten auf der glatten Piste vorschwärmten.

Doch dann kam auf einmal so richtig viel Schnee vom Himmel, der auch wirklich liegen blieb. Es schneite tagelang. Die Schneemassen nahmen Formen an, die mit dem Schwarzwald mithalten konnten. Alle Kinder waren außer Rand und Band. So etwas hatte der Norden schon lange nicht mehr gesehen. Die alten Menschen munkelten etwas von einem Schneewinter vor 30 Jahren. Da habe der Schnee zum Wohnzimmerfenster hereingeschaut. Zumindest, wenn gerade vor dem Fenster eine Schneeverwehung war.

Die Kinder konnten in der Schule kaum noch ruhig sitzen. Egal, was der Lehrer vorne machte, alle Köpfe waren zum Fenster gerichtet und wenn die Flocken dann besonders groß oder dicht wurden, hörte man ein andächtiges »oh« oder »ah«.

Am dritten Tag schließlich gab Lehrer Seele endgültig auf, seine Unterrichtspläne beizubehalten, sondern es hieß »Unterricht draußen – Projektwoche Schnee«. Wie jubelten da die Kinder.

Herr Seele kam an diesem Morgen mit einer großen Tasche in die Klasse.

»Was haben Sie da?«

»40 Holzschlitten.«

»Ach, nein, Herr Seele, sag mal ehrlich.«

»Es ist eine Überraschung und nun zieht euch alle mal wieder an, wir gehen zum Sportplatz.«

Neben einer kleinen Erhebung auf einer Dorfweide, die aber schon abgenutzt und braun da lag, bot der Sportplatz mit seinem künstlich aufgeworfenen Hügel am Rande eine weitere Rodelpiste im Dorf. Dorthin stürzten 40 jubelnde kleine Menschen und erwarteten neugierig die Überraschung. 40 große, dicke Plastiktüten zauberte der Lehrer schließlich hervor und dann ging ein wildes, norddeutsches Rodeln los.

Nickel war noch am Mittagstisch ganz erfüllt und konnte gar nicht still sitzen.

»Was hast du es bloß so eilig?«, fragte die Mutter verwundert.

»Ich muss schnell Hausaufgaben machen«, gab Nickel mit großen Unschuldsaugen zur Antwort.

»Was, mitten im Schneeparadies denkst du gerade heute an deine Hausaufgaben?«

Jetzt war die Mutter doch sehr verdutzt.

»Ja, ja, Mama, du weißt doch, dass wir zu Hause alles aus dem Unterricht wiederholen sollen. Nun, heute waren wir rodeln und müssen also auch das gründlich wiederholen!«

Als kurz nach dem Essen das Telefon klingelte, erfuhr die Mutter, dass Enno, ein Mitschüler von Nickel, nun doch leider nicht käme, weil seine Mutter krank geworden sei und ihn daher nicht bringen könne. Nickel beeilte sich zu erklären: »Ach, ja, ich habe vergessen zu sagen, dass wir uns eigentlich verabredet hatten.«

Keine zehn Minuten später hörte die Mutter folgende Nachricht auf dem Anrufbeantworter: »Hallo, ihr Lieben, hier ist die Mama von Florian. Ich habe heute eigentlich keine Zeit, aber unsere Söhne haben sich zum Rodeln verabredet. Ist es okay, wenn ich Florian etwas später schnell zu euch rüber fahre?«

»Nickel, sag' mal, mit wem hast du dich eigentlich heute alles so verabredet?«

»Mit Enno halt ... ach, ja, das habe ich vergessen zu sagen, auch mit Florian, der rodelt doch auch so gerne.«

»Werden vielleicht noch mehr kommen heute Nachmittag?«

»Nein, das heißt, doch ... aber höchstens noch Nobi, aber der wollte wahrscheinlich gleich zur Düne gehen.«

Da Nobi der Mutter noch vom letzten Besuch ungut in Erinnerung war, als nämlich innerhalb einer Stunde ein Glas, eine Vase und ein Bilderrahmen zu Bruch gingen, als Nobi mit seinem Hintern, die Arme wild in der Luft fuchtelnd, die Treppe runterrutschte und sich dann mit beiden Händen an einem Tischchen auf dem Treppenabsatz festzuhalten suchte, das dabei umkippte, fand sie die heutige Aussicht tröstlich, dass dieser Schulkamerad diesmal nicht ins Haus käme, was den Schreck über die vielen Einladungen abmilderte.

Schließlich zogen sie ganz friedlich nur zu dritt zur Düne, nachdem Florian angekommen war. Die harmonische Stimmung inmitten der Schneepracht währte aber nur kurz, dann hörte Mutter hinter sich, am erwähnten Nordhang, eine beeindruckende Auseinandersetzung:

Nickel: »Florian, wollen wir mal zusammen rodeln?«
Florian: »Nö, allein.«
Nickel: »Zusammen.«
Florian: »Allein.«
Nickel: »Zusammen.«
Florian: »Allein.«
Nickel: »Zusammen!«
Florian: »Allein!«

So zogen sie den Hügel hinauf und es klang wie ein Singsang. Irgendwann ertönte ein lautes »na denn« und dann sausten zwei Schlitten den Hügel hinab. Die Mutter schmunzelte, musste dann aber doch innehalten, als beim nächsten Anstieg vom Hügel herüber schallte:

Florian: »So, und jetzt zusammen!«
Nickel: »Nö, allein.«
Florian: »Zusammen.«
Nickel: »Allein.«
Florian: »Zusammen.«
Nickel: »Nö, allein ist viel besser.«
Florian: »Zusammen.«
Nickel: »Das ist nicht gut für den Schlitten, davon geht er kaputt.«
Florian: »Zusammen!«
Nickel: »Allein!«
Florian: »Zusammen!«
Nickel: »Na gut.«

Und jubelnd stürzten zwei Kinder den Hang hinab, während Mutter lachend den Kopf schüttelte und froh war, dass sie sich nicht eingemischt hatte.

Eine Weile später tauchte auch Simona mit ihrem Schlitten auf der Düne auf, winkte freudig, rannte den Hügel hinunter und verstauchte sich prompt dabei den Fuß, noch bevor sie ein einziges Mal gerodelt war! Die Arme, da hinkte sie nun mit Tränen in den Augen und fügte sich in ihr Schicksal, dem freudigen Treiben vom Rand der Piste aus zuschauen zu müssen.

Und dann geschah etwas Merkwürdiges: Inzwischen war zusammen mit der Nachbarsfamilie ein kleines, fremdes, etwa zweijähriges Mädchen gekommen. Dieses erblickte Simona und konnte von da an den Blick nicht mehr von ihr wenden.

Der Mutter war schon häufiger aufgefallen, dass Simona mit ihren großen, braunen Augen und dem lieben Gesicht eine magische Wirkung auf kleine Kinder ausübte, und um sie zu trösten, machte sie sie auf das kleine Mädchen aufmerksam. Schon bald stand dieses ganz dicht an Simonas Schlitten und als Simona unauffällig und wortlos ein wenig zur Seite rutschte, dauerte es gar nicht lange, bis die Kleine neben ihr saß. So blieb es dann den ganzen Nachmittag. Während rundum ein Lachen und Grölen, Schreien und Gewusel herrschte, saßen auf dem kleinen gegenüberliegenden Hügelchen, dort, wo die Schlitten bei ihrer Abfahrt so gerade eben nicht hinlangen konnten, weil es dort wieder leicht bergan ging, wie auf einem Inselchen zwei Gestalten auf einem Schlitten, eine große und eine ganz kleine, so als würden sie sich schon ganz, ganz lange kennen.

Vom Hotel Sonnenblick zum Café Am Milchsee

Eines schönen Sonntagmorgens kam Nickel mal wieder auf die Idee, den Eltern den Tag zu verschönern. Voller guter Vorsätze machte er sich auf den Weg in die Küche, klapperte hier und da, eilte von einem Ende zum anderen Ende und kam schließlich, mit stolzer Miene und etwas schlurfenden Schritten, ein großes Tablett balancierend in das elterliche Schlafzimmer. Vater fing an, mit der Nase zu schnuppern, Mutter blinzelte verwundert mit den Augen und beide staunten dann mächtig, was er ihnen servierte. Der Vater bekam einen duftenden Kaffee, die Mutter ein Glas Apfelsaft, beides aufs Schönste dekoriert, wie neulich beim Abendessen in einem Hotel, denn von dort hatte Nickel vorsorglich die Dekoration mitgenommen.

Vor kurzem hatten sie das Restaurant in dem neu eröffneten Hotel Sonnenblick ausprobiert und endlich hatte Nickel einen Ort gefunden, wo er die einzige Eissorte, die ihm schmeckte, bekam. Oft schon hatte es Szenen der Enttäuschung gegeben, wenn er vor Auslagen mit kunterbunten Eisbottichen stand, darunter seine einzige Sorte aber nicht finden konnte. Mancher Familienausflug war so schon verdorben worden. Weil alle anderen dabei so genervt wirkten, war Nickel sich manchmal selbst komisch vorgekommen. Aber alles andere schmeckte ihm nun mal nicht und dann blieb nur ein unangenehm kaltes Gefühl im Mund zurück.

Wie entlastet war er gewesen, als ein Freund der Eltern, ein angesehener Professor, ihm eines Tages verriet, dass er als Kind auch nur just diese eine Sorte Eis gegessen habe. Na, wenn das so war, dass man mit diesem exklusiven Geschmack auch noch Professor werden konnte, hatte Nickel damals ganz erleichtert gedacht, dann konnte ja auch er noch darauf hoffen, Forscher zu werden.

Aber noch viel größer war jetzt die Freude, als der Besitzer dieses neuen Restaurants seinen Geschmack offensichtlich teilte: »Ja, für mich ist das auch die leckerste Sorte, die es gibt!«

Und da Nickel an diesem Abend so gestrahlt hatte, war gleich ein freundschaftliches Band zwischen den beiden entstanden und Nickel durfte als Erinnerung an den Besuch die ganze Dekoration der Eisbecher mitnehmen. So sah sein Frühstückstablett jetzt genauso dekorativ wie in einem echten Restaurant aus.

»Das ist ja wie im Hotel Sonnenblick!«, war denn auch das erste, was die Mutter sogleich sagte, und da draußen wirklich die Sonne schien, riss er gleich noch die Rollos hoch und die Fenster auf. Ein bisschen kühl war er noch, dieser Morgen im Frühling, aber das vage Zwitschern der Vögel war so wunderschön und die Eltern strahlten ihn so fröhlich an ... na, wenn das kein guter Tagesanfang war!

Von nun an sollte dieses sonntägliche Ritual zu einer lieben Gewohnheit werden. Mutter hatte sich anfangs noch besorgt gezeigt wegen des kochenden Wassers, aber im Verlauf der Wochen ließ die Unruhe nach und sie fasste Vertrauen in Nickels Fähigkeiten als Hotelbesitzer, sodass sie sich immer nochmal in die Kissen kuschelte, wenn sie das inzwischen vertraute Geklapper in der Küche hörte.

Und dann kam Mutters Geburtstag. Nickel hatte sich schon richtig darauf vorbereitet, hatte Bilder gemalt, ein Grußkärtchen geschrieben und sich noch schönere Deko ausgedacht: Blumen aufs Glas geklebt, alles schön gefüllt und sich sogar schon angezogen. Das würde die Mutter bestimmt alles besonders erfreuen. So hörten die Eltern an diesem Morgen statt des Patschens kleiner Füße auf dem Holzboden das viel offizieller klingende Klackern der Hausschuhe. Dann schob sich die Türe zum Schlafzimmer auf. Ein strahlendes Gesicht äugte hinter einem übervollen Tablett hervor, denn ein paar Stücke Schokolade und ein Blumenstrauß hatten auch noch Platz gefunden, und das Allerschönste, was sich Nickel ausmalte, war die Überraschung der Mutter. Oh, wie würde er sie erfreuen und mit ganz sonnigen Gedanken beugte er sich über ihr Bett ... und dann ging alles sehr schnell.

Es klirrte und klapperte. Als erstes war das Milchkännchen umgekippt und ein großer, weißer See ergoss sich über den neuen Fußboden, den Vater erst im letzten Sommer verlegt hatte. Dieser hatte die Lage auch als erster erfasst und war schon aufgesprungen, während die Mutter gerade ihre großen Augen öffnete. Und dann gab es manches zu wischen und zu putzen, zu richten und zu erneuern, denn zu der Milch hatte sich auch noch das Blumenwasser aus der Vase und der Saft aus dem geschmückten Glas gesellt. Schließlich stand wieder alles an seinem Platz. Die Gefäße waren neu gefüllt, der Boden wieder trocken. Die Mutter war erstaunlich ruhig dabei geblieben. Ihr war wohl die gute Absicht so ans Herz gegangen, dass sie nicht schimpfen wollte.

Als der Vater wieder zurück ins Bett sank mit den Worten »Na, das haben wir doch gut hinbekommen. Vom Hotel Sonnenblick zum Café Am Milchsee!«, da fiel Nickel so ein Stein vom Herzen, dass er behände zwischen beide ins Bett sprang, sodass die Getränke in ihren Händen noch einmal bedrohlich schwappten, und sagte ganz erleichtert: »Ach, ja, wie schön, vor allem nachdem mir das gleiche eben auch schon in der Küche passiert ist und ich auch dort alles aufwischen musste.«

Komischerweise musste die Mutter daraufhin ganz schnell auf die Toilette und Nickel hat nie herausgefunden, ob sie damit ihr Lachen oder ihr Erschrecken verbergen wollte.

Der Tag, an dem Lehrer Seele den Ausflug ins Wasser fallen ließ

Es war wieder einmal Wochenende und diesmal ein lange ersehntes. Nicht so eins, wo Vater und Mutter ausschlafen konnten. Ganz und gar nicht, denn für heute stand der schon einmal verschobene Erstklässlerausflug an, bei dem Kinder wie Eltern durch die schöne Wiesenlandschaft zum Garten von Lehrer Seele wandern sollten, um sich mal ausgiebig wahrnehmen und unterhalten zu können, wo es Zeit für einen persönlichen Schnack gäbe und dann noch ein lustiges Treiben mit Zelt und Lagerfeuer geplant war. Und da Nickel nun bereits längst in der zweiten Klasse war, lässt sich denken, wie lange die Kinder schon dem Erstklässlerausflug entgegen fieberten! Heute also würde es endlich so weit sein. Da konnte natürlich keiner ausschlafen. Am allerwenigsten Nickel.

Und so kam es, dass an diesem Samstagmorgen, Mitte Mai – denn man wollte den schönsten Monat des Jahres für den Ausflug nutzen – die Türen und Fenster von Nickels Zimmer bereits ab sechs Uhr auf- und zugingen, dass er vor lauter Aufregung zweimal hintereinander auf Toilette musste und dabei noch über die Türschwelle stolperte. Dadurch wurde dann auch die Mutter das erste Mal an diesem Tag wach, schaute auf den Wecker und sank stöhnend in die Kissen zurück. Doch dann nahm sie neben Türen, Fenstern, Schränken und kleinen Füßen noch ein anderes Geräusch wahr, das sie nochmal hochfahren ließ: Regen, Regen! Nicht nur ein bisschen, sondern in Fäden kam es vom Himmel, so als sei die Regenzeit im Dschungel über Nacht ausgebrochen.

Jetzt stöhnte sie noch lauter und ließ sich ein zweites Mal ins Bett zurückfallen, den lieben Gott bittend, dass dies nur ein Traum sei. Aber als sie um acht Uhr vom Wecker ein weiteres Mal geweckt wurde, war der Traum noch nicht zu Ende. Draußen hatte sich alles in eine matschige, sumpfige Landschaft verwandelt und weiterhin schien der Himmel sein Wasser aus Eimern zu schütten.

Nun ließ auch der Vater ein langes Seufzen hören: »Na, das passt ja herrlich zu meinem beginnenden Schnupfen, stundenlanges Laufen durch den Regen.«

Als die Eltern wenig später die Küche betraten, war Nickel trotz allem damit beschäftigt, Proviant in großen Mengen zu richten: Äpfel, Bananen, Möhren, Mandeln, Rosinen, Reiswaffeln, Brot und Kekse, Tee und Saft. Es stand und lag alles wild herum und war teilweise schon im Rucksack verstaut, dazu Handtücher, Ersatzsocken, Regenzeug, Taschenmesser, Fernglas.

»Hast du dich verpflichtet, die ganze Klasse zu versorgen, oder hast du eine längere Reise geplant?«, fragte der Vater.

»Nein, aber bei diesem Wetter muss man sich auf alles vorbereiten und mehr Hunger hat man dann auch«, meinte Nickel sehr ernst.

Nun, an diesem besonderen Samstag musste selbst Simona auf ihr Ausschlafen verzichten, denn sie wollte die Gelegenheit nutzen, sich zu einer Freundin bringen zu lassen, die auch einen kleinen Bruder in Nickels Klasse hatte und dementsprechend ebenfalls allein zu Hause gehockt hätte. Um zehn Uhr wollte man sich dann mit der Klasse an der Schule treffen. Um Viertel vor neun saßen schließlich alle mit etwas betrübter Stimmung um den Frühstückstisch und versuchten, sich gegenseitig Mut zu machen. Simona, die zuletzt aufgestanden war, meinte, es sei vielleicht nur ein kurzer Regenschauer, schließlich sei das die letzten Tage ja häufiger vorgekommen.

»Um sechs Uhr hat es schon genauso geschüttet«, murmelte die Mutter und dann versanken wieder alle in Schweigen.

Zehn nach neun meinte Nickel: »Vielleicht wird es ja noch heller.«

Viertel nach neun ging das Telefon.

»Das war's dann wohl!«, meinte die Mutter, während Simona losrannte.

In der Küche wurde es leise, alle lauschten: »Ja, hallo … ist gut … ich sag's den anderen … danke für den Anruf.«

Simona kam, um mitzuteilen, der Ausflug sei abgesagt. Herr Seele, der Lehrer, habe persönlich angerufen.

Nickel saß eine Weile ganz erstarrt da, doch als Mutter ihn fragte, ob er sehr enttäuscht sei, brach der ganze angesammelte Frust aus ihm heraus. So lange hatte er sich auf den Tag gefreut. Wie ein Häufchen Elend sank er auf dem Stuhl zusammen, laut schluchzend, untröstlich, und als die Eltern nun versuchten, den Tag schnell umzuorganisieren und mit Simona eine Lösung zu finden, wurde alles immer schlimmer.

Alle verloren die Nerven, die Stimmung eskalierte. Mutter schlug ein Ersatzprogramm vor mit Besuch auf einem Kulturhof in der Nähe von Simonas Freundin. Vater fand das Quatsch, man wolle doch jetzt nicht den ganzen Tag vertrödeln. Er habe noch genug anderes zu tun. Mutter motzte. Vater meinte, dann könne sie den Ausflug ja auch alleine machen. Das wollte Mutter nicht. Dann eben am Abend Kultur.

Nickel schrie, nein, er wolle jetzt sofort etwas unternehmen.

Mutter sagte schließlich: »Gut, dann fahre ich jetzt mit dir dorthin.«

Nickel schrie: »Nein, Papa muss auch mit!«

Vater murrte, er habe wirklich anderes zu tun, und stürzte genervt hinaus. Da schrie Nickel noch mehr und letztendlich schrie Mutter auch, dass sie jetzt auch genug habe.

Simona, die mittlerweile die Tiere draußen versorgt hatte, kam rein und meinte, jetzt würde es viel heller draußen. Einen Moment verstummten alle und schauten gebannt nach draußen. Es regnete tatsächlich kaum noch und es war fünf vor halb zehn. Um halb zehn sah Mutter ein erstes kleines, blaues Loch am Himmel und Nickel fing von Neuem an zu weinen. Das wurde ja noch schlimmer: Ein ins Wasser gefallener Ausflug und draußen schien die Sonne. Um zwanzig vor zehn gab es nur noch einzelne kleine Wolken und um Viertel vor zehn war der Himmel ganz blau. Alle traten vors Haus, einzeln, denn der Haussegen hing jetzt richtig schief. Von der anderen Seite kam Raphaelas Mutter vor die Türe, schüttelte ebenfalls den Kopf und berichtete von der Riesenenttäuschung nach dem Anruf des Lehrers und dem Kampf bei ihnen im Haus. Vater erwachte als erster aus der Lähmung und brachte ganz pragmatisch Simona endlich zu ihrer Freundin. Als eine Viertelstunde später immer noch das herrlichste Wetter war, gab sich Mutter einen Ruck und ging zu Nickel mit dem Angebot: »Wie wär's, wenn wir das Beste daraus machen, zum Beispiel durch eine Fahrradtour mit Picknick und späterem Eisdielenbesuch?«

Da klarte Nickels verregnetes, überschwemmtes Gesichtchen so wie der Himmel draußen auf, er packte seinen schweren Rucksack auf die

Schultern und so kam es, dass er mit seiner Mutter einen unerwartet schönen Ausflug erlebte durch die wunderschöne Wiesenlandschaft im sommerlichen Sonnenschein. Wenngleich sich am Horizont dunkle Wolkenberge zeigten, die beiden radelten unbeschadet durch ihre kleine Welt, ließen es sich gut gehen und am Abend, als sich allmählich alle wieder auf dem Hof einfanden, hatten sich die Wogen geglättet und auch Vater und Mutter blinzelten sich gelegentlich wieder friedensbereit zu. Nach dem Abendessen kam nochmal ein kräftiger Regenschauer … aber wer stört sich schon an so etwas?

Doch auf seinen Lehrer Seele mochte sich Nickel ab da nicht mehr verlassen. Und so überredete er seine Eltern, wenige Monate später ein großes Sommerfest mit seinen Klassenkameraden und deren Eltern bei sich zu Hause zu veranstalten.

Nickel kämpft gegen alles Mögliche und am Ende gegen sich selbst

Es gab Tage, da kam Nickel so missgestimmt aus der Schule, dass alle aus der Familie einen großen Bogen um ihn machten. Denn an solchen Tagen konnte es passieren, dass man einen Tritt vors Schienbein bekam, einfach so, weil man vielleicht schief geguckt oder gelacht hatte. Mutter fragte ihn dann oft: »Nickel, hast du was Schlimmes erlebt?«

Aber als Antwort kam meist ein Knurren oder höchstens ein »Nee, nichts.«

Das konnte den ganzen Nachmittag so gehen und dann war Nickel meistens auch noch mit der ganzen Familie verstritten und dann ging es ihm ganz schlecht. Niemand verstand ihn, niemand mochte ihn.

Am Ende kam es meistens so, dass Mutter irgendwann das tretende, stampfende Wesen packte und ganz dicht zu sich heranzog: »Nun sag mal, was war denn heute los?«

Und dann konnte es passieren, dass aus Nickel eine lange, traurige Geschichte herausbrach, voller Leid und Ungerechtigkeiten. Wie eine Bande aus der vierten Klasse ihn angegriffen hatte, wie der Lehrer ihn ermahnt hatte, obwohl der Nachbar ihn angequatscht hatte, wie es leckere Kekse gab und gerade, als er an der Reihe war, die Dose leer war.

Manchmal waren die Geschichten sehr betrüblich für alle, manchmal verstand seine Familie gar nicht, warum es so schlimm für ihn war, und dann ärgerte er sich noch mehr, dass er überhaupt was gesagt hatte. Manchmal aber, wenngleich aus seiner Sicht viel zu selten, konnte Mutter ihn so gut verstehen, dass sie zum Beispiel sagte: »Jetzt rufe ich mal dort an und frage nach, warum du so verhauen worden bist.«

So war es auch heute gewesen. Nickel hatte von einer Schneeballschlacht berichtet, bei der die anderen so harte Bälle auf ihn geworfen hatten, dass er schließlich einen von ihnen verfolgt hatte. Der sei aus Versehen gestolpert und hingeflogen und Nickel sei über ihn gestürzt. Daraufhin hätte der unter ihm so geschrien, dass dessen großer Bruder herbeigerannt sei und Nickel total eingeseift habe. Dabei habe er ihm gedroht, ihn umzubringen … so eine Gemeinheit. Also das war eine Geschichte, da hatte Mutter angeboten, den großen Bruder mal anzurufen.

Als sie vom Telefonat zurückkam, sah sie sehr nachdenklich aus.

»Komm, Nickel, setz' dich mal her und erzähle mir den Anfang der Geschichte nochmal genau.«

Also hatte er alles nochmal ganz genau berichtet. Die Mutter hörte sich die Sache sehr ruhig und aufmerksam an.

»Komisch«, sagte sie dann, »der große Bruder hat mir einen ganz anderen Anfang erzählt. Danach hättest du als erstes deinem Klassenkameraden die Mütze vom Kopf gerissen, hättest sie in den Schnee geworfen und darauf herumgetrampelt.«

»Ja, aber weißt du was«, hatte Nickel daraufhin erwidert und sein Kopf wurde schon wieder knallrot, »das kam nur, weil der meinen Ranzen im Vorbeigehen umgestoßen hat, als wir in die Pause wollten. Da habe ich ihm nachgeschrien, er solle meine Tasche wieder aufstellen und sich entschuldigen. Das sagt der auch immer, wenn ich etwas anstelle! Aber er ist nur weggerannt!«

An dem Nachmittag war die Mutter dann irgendwie verstimmt und sah sehr ratlos aus. Und auch Nickel war sehr verstimmt und fragte sich, warum denn alles so kompliziert sei. So kam es, dass er noch beim Abendessen herummuffelte und alles stiller war als sonst.

Vater schaute in die Runde und fragte: »Was ist denn heute hier los?«

Diesmal hörte er von zwei Seiten: »Ach, nix!«, und dabei blieb es dann auch.

Nach dem Essen war Nickel noch kurz im Bad, während die Eltern sich über »erwachsene Dinge« unterhalten mussten. Es dauerte diesmal länger als üblich, bis er sich umgezogen hatte. Manchmal hörte man laute Stimmen bis in die Küche.

»Vielleicht ist er noch am Telefon«, sagte Vater.

Als Nickel schließlich in die Küche zurückkam, machte er seltsame Bewegungen und ging so, dass er den Eltern immer den Rücken zuwandte. Verwundert sahen sie ihm zu. Erst ganz zum Schluss, als er ihnen eine gute Nacht wünschte, bekamen sie ganz kurz sein Gesicht zu sehen. Da prangte mitten auf der Stirn, gleich unter den Locken und über zwei glühend roten Wangen, eine große Beule.

»Aber Nickel, woher hast du denn die große Beule?«

Ein verlegenes Lächeln folgte: »Die habe ich mir am Spiegel geholt.«
»Am Spiegel?«

Vater und Mutter hatten es gleichzeitig gerufen und Simona hatte dazu auch noch vom anderen Ende des Raumes aus gekichert. Da war er lieber kommentarlos ins Bett verschwunden.

Einige Minuten später war die Mutter an sein Bett getreten und hatte irgendwie noch ratloser ausgesehen. Da streckte sich ihr unter der Bettdecke versteckt ganz langsam ein Köpfchen entgegen. Erst die Locken, dann die Beule und schließlich ein verschmitztes Lächeln: »Ja, du, ich habe mit dem im Spiegel gekämpft und dabei die Beule gekriegt. Aber weißt du was, der im Spiegel, der hatte am Ende eine genauso große Beule!«

Nickel ist gerne auch mal allein

Die Eltern staunten nicht schlecht, als Nickel nach einer langen Zeit, in der er Vater und Mutter am liebsten beide um sich hatte und die Schwester noch dazu, als eben jener Nickel plötzlich blitzende Augen bekam, wenn sie mal von Besuch bei Freunden, Ausgehen oder Ähnlichem sprachen. Statt der ängstlich geweiteten Augen von früher kam nun meistens ein bestärkendes Nicken: »Ja, geht ruhig mal wieder aus. Das ist doch schön für euch!«

»Nanu«, wunderte sich die Mutter, »und was machst du dann?«
»Och, ich mache es mir dann gemütlich. Es ist doch schon auch mal schön, ohne Gemecker und ohne viele Aufgaben ins Bett zu gehen.«

Ein bisschen misstrauisch wurden die Eltern da schon und ein bisschen sorgenvoll war vor allem die Mutter. Der Vater hingegen beruhigte sie, dass Nickel eben größer würde und vernünftiger und mit der Zeit bürgerte es sich ein, dass die Eltern an manchen Abenden auch mal wieder etwas zu zweit unternahmen, kleine Spaziergänge etwa, und sich dabei immer leichter von Nickel trennten. Jedes Mal kam jetzt ein zufriedenes Grinsen und Grunzen als Antwort, wenn sie ihn beim Weggehen ermahnten, ja nichts anzustellen.

Im Grunde ging ja auch alles gut. Ab und zu entdeckte die Mutter am nächsten Morgen auffällige Reste von Salzstangen, Chips oder ein Schokoladenpapier zwischen der wahllos abgelegten Kleidung und meistens blickten den Eltern zwei verschlafene Kinderaugen beim Frühstück entgegen. Aber im stillen Einvernehmen schauten die Eltern über solche kleinen Ausreißer großzügig hinweg und freuten sich über die gewonnene Freiheit, die sie sowieso nur selten auslebten.

Einmal hatten sie gerade wieder eine abendliche Runde bei herrlichem Wetter durch Wiesen und Wald beendet und befanden sich im Treppenhaus, als sie Nickels Stimme am Telefon hörten: »... ja, ich habe gerade die Haustüre gehört. Jetzt muss ich noch schnell gucken, ob das ein Einbrecher ist ... nein ... nein ... wenn es Mama und Papa sind, dann kannst du auflegen ... dann hast du frei ... warte mal kurz.«

Hastig schob sich ein kleiner Wuschelkopf durch die Flurtüre zum Treppenhaus, blickte erleichtert auf die Eltern und verschwand gleich wieder.

»Sie sind es ... ja ... ja ... wir müssen Schluss machen, denn ich habe versprochen, im Bett zu liegen ... ja ... tschüss.«

Bis die Eltern Mantel und Schuhe ausgezogen hatten und die Treppe zur Wohnung hinaufgekommen waren, blieben zehn Sekunden und es war mucksmäuschenstill, als sie oben ankamen.

Über beide Ohren zugedeckt fanden sie Nickel im Bett vor.

»Na, mit wem hast du denn geplaudert?«

»Mit Oma. Ich habe so komische Geräusche gehört und Simona schlief doch schon, da habe ich die Oma angerufen und gefragt, ob sie nicht am Telefon auf mich aufpassen kann.«

Am nächsten Tag berichtete die Großmutter ihrer Tochter von dem einstündigen, 400 Kilometer überbrückenden Telefonbabysitting.

Es ging aber nicht immer so glimpflich aus. Nach einem ähnlichen abendlichen Spaziergang war der Mutter eingefallen, dass sie einer Nachbarin versprochen hatte, ein Buch zu bringen, und der Vater hatte gesagt, dann würde er den Abend nutzen, um in der Praxis der Mutter am Computer zu arbeiten. Er war noch kurz in die Privatwohnung im Obergeschoss gegangen, um sich Unterlagen zu holen. Da traf er Nickel trotz der vorangeschrittenen Zeit, wie er in Unterhosen über den Flur huschte und etwas von »Duschen vergessen!« rief.

Erfreut darüber, dass Nickel an solche Dinge langsam selbst dachte, verkniff er sich den Tadel wegen der späten Zeit und lief mit einem fröhlichen »Schlaf gut!« die Treppe wieder hinunter. Da er sich auf eine lange Arbeitsnacht einstellte, machte er sich schnell einen Kaffee und setzte sich damit ins Büro, das genau unter dem privaten Badezimmer lag. Eine Weile war er bereits in seine Arbeit vertieft, als er ein seltsames Geräusch hörte. Erst dachte er, es würde regnen, dann fragte er sich, wo es denn leise klopfe. Plötzlich aber sprang er auf. Über ihm von einem Balken des alten Fachwerkhauses tropfte es beständig herab! Direkt auf seine Unterlagen am Rande des Tisches ging ein kleines Rinnsal nieder. Die ersten Buchstaben waren schon zu einem schwarzen Brei verschmolzen. Langsam lief das Rinnsal den Stapel hinunter, dehnte sich auf dem Tisch aus und war an einer Kante bereits runter auf den Boden getropft. Dies war also das Geräusch, das der Vater zuerst nicht hatte zuordnen können. Zu Anfang erstarrte er fassungslos, doch dann dämmerte ihm etwas und mit einem Schrei kam Bewegung in ihn. Er rannte die Treppe hinauf und schon auf halber Strecke hörte er Nickel laut in der Dusche singen. Der Vater übersprang die letzte Stufe, wobei er fast gestolpert wäre. Dann stand er im Bad und sah die Bescherung. Der halbe Boden war eine kleine Seenlandschaft geworden, denn Nickel hatte den Duschvorhang nach außen über den Duschrand hängen lassen und das ganze Wasser rann vom Vorhang auf den Boden.

»Niclas!«

Es war mehr ein Schrei als ein Ruf. In der Dusche gab es einen furchtbaren Ruck und dann einen Knall, als Nickel vor Schreck den Duschkopf, der ihm bis eben noch als Mikrophon für seinen Gesangsauftritt gedient hatte, fallen ließ. Das fröhliche Singen verstummte abrupt. Am Vorhang erschien ein ganz erschrockenes, unschuldiges Gesicht.

»Schau!« war das einzige, was der Vater hervorbrachte, und dann war er schon weg, um einen Aufnehmer zu besorgen.

Doch auch Nickel hatte den Ernst der Lage erkannt, zumindest den sichtbaren Teil im Badezimmer, und da wollte er doch schnell sein Möglichstes tun, um die Sache gutzumachen. So riss er flink alle Handtücher von den Haken und als das nicht reichte, griff er in den Wäscheschrank und zauberte stapelweise frisch zusammengelegte Handtücher hervor, die er kunstvoll auf dem Boden verteilte. Als der Vater mit den Wischlappen und einem Eimer zurückkehrte, bot sich ihm das nächste Schreckensbild. Der Boden war übersät mit einer nassen, klammen Masse an Handtüchern und mittendrin stand ein strahlender Nickel, froh über seine schnelle Lösung.

An diesem Abend musste sich die Familie mit Unterhosen und T-Shirts abtrocknen, gab es doch kein einziges trockenes Handtuch mehr.

Läusealarm oder Wie die Geschichte von den Fieslingen und den Nervlingen entstand

Die Sommerferien waren gerade zu Ende, da fing das leidige, alljährliche Läusethema wieder an. Eine Freundin der Mutter, die sich in der Schule diesem Thema als Läusebeauftragte widmete, um einer Verbreitung möglichst frühzeitig vorzubeugen, schnitt bei einem Telefonat mit Mutter das Thema wieder einmal an – es war nämlich ihr absolutes

Lieblingsthema. Sie fragte Mutter, ob es nicht sinnvoll wäre, wenn die erste Läusekontrolle in diesem Schuljahr noch früher durchgeführt würde. Da musste die Mutter ihr mitteilen, dass sie mit dieser Frage bereits zu spät dran wäre, da in einer Klasse – wohlgemerkt in der Oberstufe! – schon erste Fälle aufgetaucht seien. Die Tatsache, dass sie in diesem Jahr mit ihren Kontrollen schon zu spät sei, obwohl es doch noch Sommer war, ebenso wie die Tatsache, dass in diesem Jahr die Läuse sogar auf Köpfen von Jugendlichen hausten, die man bislang doch von den Kontrollen verschont hatte, brachten die Freundin fast um den Verstand. Es war eine Weile so still am Telefon, dass Mutter überlegte, ob die Freundin wohl in Ohnmacht gefallen sei oder den Hörer einfach abgelegt habe, als sie schließlich auf ihr besorgtes »Hallo?« hin ein verzweifeltes Stöhnen am anderen Ende der Leitung hörte.

»Zu spät ... Oberstufe betroffen ... unglaublich ...«

Diese Worte wiederholte die Freundin dann noch mehrfach.

Wenige Tage später las Mutter schmunzelnd in einem Elternrundbrief: »Wie aus gesicherten Quellen bekannt wurde, haben wir an unserer Schule in diesem Jahr bereits jetzt und sogar in höheren Klassen Läusebefall entdeckt. Daher empfiehlt es sich dringend ...«

Lachend erzählte sie Vater von den »gesicherten Quellen« und den nun zu erwartenden Konsequenzen. Nickel war höchst interessiert und fragte bis ins Detail, wie man sich denn solche Läuse fangen könnte.

»Durch nahen Kontakt, wenn die Köpfe zusammen gesteckt werden oder wenn man Mützen vertauscht.«

»Ja, und wenn im Flur die Sachen ganz nahe zusammen hängen?«, fragte er mit großen Augen.

»Ja, auch dann ist eine Übertragung möglich«, sagte der Vater.

Da wurde Nickel ganz nachdenklich.

Bei der bald darauf folgenden Läusekontrolle gab es natürlich auch ein paar Fälle in Nickels Klasse. Die Sache wurde mit den Eltern nochmal ausführlich besprochen und dann war das Thema nach einer großen Waschaktion wie jedes Jahr vom Tisch ... scheinbar.

Als die Tage kürzer und die Morgenstunden kühler wurden, fiel zunächst der Mutter auf, dass Nickel immer noch im Pulli seinen Schulweg antrat und auf Nachfragen jedes Mal sagte: »Mir ist halt so heiß.«

Da bekannt war, dass Nickel ein anderes Wärmeempfinden hatte, dachte sie sich zunächst nichts dabei. Dann aber wurden die Tage noch kürzer und kälter. Als man sich kurz über der Frostgrenze wähnte, fragte die Mutter erneut nach und ließ sich angesichts des vor Kälte schlotternden Nickels nicht mehr mit einem »mir ist halt warm« abspeisen. Sie hielt ihn fest und sah ihn ganz lange intensiv an.

»Meinst du vielleicht, ich will Läuse?«, stieß er plötzlich ganz verzweifelt hervor.

»Wie löst Simona das Problem denn?«, fragte die Mutter.

»Sie hängt ihre Sachen über den Stuhl, aber das dürfen wir bei Herrn Seele nicht.«

Von da an brachen harte Wochen an. Nickel bohrte sich immer tiefer in das Thema hinein, malte sich furchtbare Dinge aus, wenn die Läuse über ihn herfielen. Und derweil ging er höchstens mit einer dünnen Regenjacke bekleidet in die Schule, denn diese konnte er in seinen Schulranzen stecken.

Nach dem ersten Schnupfen im voranschreitenden Herbst wurde es der Mutter zu bunt und sie setzte gegen jämmerliches Schreien durch, dass Nickel nun seinen Wintermantel anzöge. Die nächsten Tage verliefen erstaunlicherweise ohne großen Widerstand und die Eltern glaubten das Spiel gewonnen.

Als am darauffolgenden Montag ein Elternabend war und es auch dort um das wiederkehrende Läusethema ging, klagte die Mutter dem Lehrer ihr Leid während der letzten Wochen und sprach auch von der Schwierigkeit, dem Sohn etwas auszureden, wo er doch in der Sache, nämlich bei den viel zu dicht angebrachten Kleiderhaken auf dem Schulflur, durchaus recht habe.

Lehrer Seele musste schallend lachen.

»Jetzt weiß ich endlich, warum der Nickel in den letzten Tagen immer unbedingt den ganzen Morgen seinen Mantel anbehalten wollte, obwohl er darin furchtbar schwitzte.«

Ja, aber eine Lösung für das Problem hatte er dann auch nicht, und von seiner Regel, dass die Mäntel und Jacken draußen an den Haken zu hängen hätten, statt im Klassenzimmer wild über den Stühlen zu liegen, wollte er auch nicht abweichen. Nun hatten die Eltern also weiter mit dem Problem zu kämpfen. Vater, der Ideenreiche und Kompromissbereite, hatte einen Einfall: Nickel könne doch seinen Mantel in eine Extratasche stecken und so mit hinein schmuggeln. Diese Idee wurde in den nächsten Tagen auf vielfältige Weise ausprobiert. Da die Tasche für so einen Wintermantel groß sein musste, sah es an manchen Tagen aus, als wolle Nickel verreisen, wie er mit Schulrucksack, Turnbeutel und großer Extratasche beladen davon zog.

Zwischen ihm und dem Lehrer Seele entbrannte nun ein kleiner Zweikampf. Auf verschiedene Weise bemühte sich Nickel, seinen Mantel in die Klasse zu schmuggeln, und wurde wiederholt erwischt und getadelt. Mittlerweile zum kleinen Läuseexperten herangewachsen, debattierte er heftig mit dem Lehrer über Übertragungswege und Risiken. Besonders regte ihn auf, dass Herr Seele seinen eigenen Kleiderhaken am Eingang in der Klasse hatte und damit selbst von den Übertragungsmöglichkeiten gar nicht betroffen war. Ungerechtigkeiten konnte Nickel eben am wenigsten ertragen und dies ließ er den Lehrer spüren. Herrn Seele wiederum gingen langsam die Argumente gegen Jacken im Klassenzimmer an den Stühlen aus, zumal die höheren Klassen das auch so machen durften. Noch so eine Ungerechtigkeit, die Nickel ihm aufgetischt hatte.

Und ein Lehrer auf geschwächtem Posten zeigt bei aller Diplomatie und einem ausgeprägten Humor doch irgendwann die Zähne. So musste es denn kommen, wie es schließlich kam: An einem Morgen hatte Nickel die Tüten und Taschen satt und dachte sich eine neue Strategie aus. Zu Beginn des Unterrichtes saß er am Platz wie ein verfrorenes

Häufchen Elend, eingehüllt in Mantel und Mütze, um sich mitten in der Stunde wie plötzlich daran zu erinnern, dass ihm warm sei. Dabei zog er seinen Mantel aus und legte ihn sorgfältig über die Stuhllehne. Auf diesen Augenblick hatte Lehrer Seele seit Tagen gewartet. Auch er war das Thema leid und wollte nun Nägel mit Köpfen machen. Er befahl Nickel aufzustehen und sich hinter den Stuhl zu stellen.

»Warum hängst du deinen Mantel entgegen unserer Absprache hinter dich auf den Stuhl?«

In diesem Moment kam Nickel nur der Satz: »Meine Mama hat gesagt, dass ich das tun dürfe, wenn mir warm wird.«

»So!«

Das war das Einzige, was Herrn Seele in dem Moment dazu einfiel. Er erinnerte sich an das nette Gespräch mit der Mutter kurz zuvor und war irritiert, dass sie ihm nun anscheinend in den Rücken fiel. Das alles hellte seine Stimmung nun wirklich nicht auf und er musste sehr an sich halten, um die an sich positive Stimmung gegenüber diesem besonderen Kerlchen in seiner Klasse nicht zu verlieren.

Dennoch kam Nickel an diesem Tag ganz verstört nach Hause. Die innere Beklemmung stand ihm auf der Stirn und diesmal musste die Mutter nicht lange fragen, bis auch schon die Tränen flossen: »Und dann hat Herr Seele beim Malen immer auf mich eingeredet und hat alles schlecht gemacht, alles würde ich falsch machen und es sei wirklich nicht schön genug.« Lautes Schluchzen. »Ich will nicht mehr in diese Schule!«

»Oh, Nickel«, seufzte die Mutter, »wenn du so weitermachst, hast du zwar keine Läuse, aber dann arbeiten viel schlimmere Kräfte gegen dich.«

An diesem Nachmittag nahm die Mutter sich viel Zeit für Nickel und sie machten einen wunderschönen Spaziergang durch die Wiesen, nahmen den Drachen mit, den Nickel so gut lenken konnte, und nebenbei erzählte die Mutter viel von ihrer Schulzeit, wie sie auch immer alles genau wissen wollte und wie sie manchmal die Finger in die Wunden der Lehrer gelegt habe und dann oft die Hölle los war, weil Lehrer nun mal nicht gerne vor Schülern dumm dastehen. Einmal habe sie so sehr mit einer Lehrerin gestritten wegen einer Ungerechtigkeit gegenüber einer Mitschülerin, dass am Ende sie und die Lehrerin geweint hätten. Danach sei sie sehr krank geworden und habe mehrere Tage nicht zur Schule gehen können. Die Lehrerin habe daraufhin bei ihrer Mutter angerufen und habe gesagt, sie sei gar nicht mehr böse auf sie und sie könne ruhig wieder zur Schule kommen. Ihre Mutter musste der Lehrerin damals mehrfach versichern, dass ihre Tochter wirklich krank sei und nicht aus Angst fern bliebe.

Nickel wurde ganz aufmerksam und irgendwie spürte er, dass die Mutter ihn verstand, obwohl sie auch immer wieder Mahnendes sagte, wie er müsse etwas flexibler werden und dürfe sich nicht so sehr an den Themen festbeißen. Aber dann drückte sie ihn manchmal ganz feste und sagte, dass sie ihn ganz lieb habe und zu ihm stehen wolle, auch wenn es manchmal so anstrengend sei.

Der Vater und sie, sie würden ihn rausboxen, wann immer es nötig und möglich sei. Auch über eine andere Schule könne man nachdenken. Vater und Mutter hätten ihm eine Schule mit viel Kunst und praktischen Fächern gewünscht. Aber wenn er sich nicht wohl fühle, müsse man sich das Ganze nochmal überlegen. Und dass es an dieser Schule für ihn manchmal nicht leicht wäre, habe sie auch schon wahrgenommen. Sie merke, dass er sich oft langweile und dass der Lehrer mit seinen alten Vorstellungen ihn oft nicht verstehe.

Und dann boxte der Vater ihn am Abend wirklich raus. Er rief kurzer Hand Herrn Seele an und da er ihn auch ein wenig privat kannte und das alles leichter auszusprechen war, wenn man einfach »du« sagen konnte, gelang es ihm, die Spannung auf allen Seiten wieder zu lösen. Lehrer Seele konnte wieder lachen und auch Nickel lächelte kurz vor dem Einschlafen selig.

Aber kurz vor dem Einschlafen kam auch die Mutter nochmal, nahm ihn in den Arm und erzählte ihm von den Fieslingen und den Nervlingen: »Siehst du, Nickel, es gibt nicht nur die Läuse und die Flöhe, die Zecken und die Wanzen. Es gibt auch die Fieslinge und die Nervlinge und vor diesen beiden musst du dich besonders hüten, denn die klettern nicht nur von Mantel zu Mantel, sondern die können ungeheuer weit springen. Meterweit! Wenn einer einen Fiesling hat, so kann der dich quer durch den Raum von hinten anspringen und dann sitzt der hinter deinem Ohr und flüstert dir ganz fiese Sachen ins Ohr. Oder manchmal sitzt er auch zwischen den Augenbrauen und zwickt dich dort in die Haut. Dann musst du die Stirn runzeln und die Augenbrauen zusammenziehen und das ist das einzig sichtbare Zeichen, dass einer einen Fiesling hat. Das sehe ich bei dir an der Stirn, wenn du einen Fiesling hast.

Mit den Nervlingen verhält es sich anders. Die sitzen unter der Zunge und machen, dass da dummes Zeug herauskommt. Die wirst du nur los, wenn du die Zunge nach hinten rollst und den Mund öffnest. Dann hast du vielleicht Glück und sie springen einem anderen in den Mund.«

Mutter machte die Zungenbewegung vor und Nickel musste grinsen.

»Aber isch schage gir, da muscht gu aufpaschen, dasch gir schelpscht scho einer necht in den Munk schrprinkt, wenn gu einem Menschen met offenem Munk auf gich schukommen liecht.«

Da musste Nickel dann doch so herzlich lachen, dass der Fiesling, der ihn den ganzen Tag geplagt hatte, mit einem erschrockenen Satz von ihm fortsprang.

Wie ging es weiter?

Nickel und sein Lehrer verließen schließlich am selben Tag die Schule. Herr Seele hatte nach vielen Jahrzehnten als Lehrer das Alter erreicht, in dem er als Opa auf einer Bank sitzen und mit seinen Enkeln spielen durfte. Die Eltern hatten gelernt, dass man etwas genauer hingucken musste, ob die Schule, die sie sich so sehr für ihren Sohn gewünscht hatten, auch wirklich die richtige Schule für dieses kleine, besondere Kerlchen war. Der letzte Anstupser, den es in so einer Angelegenheit manchmal braucht, kam von einer jungen, engagierten Lehrerin, die Nickels Lage schnell erfasst hatte und den Eltern dringend riet, zügig zu handeln.

Schließlich hatten die Eltern und Nickel kurz vor Schuljahrsende eine andere Schule ausprobiert, wo es viel mehr um Wissenschaft und weniger um Kreativität ging. Die klaren, verständlichen Regeln, die vielfältigen Fächer und die modernen Methoden hatten Nickel gut getan, sodass ein stattlicher Mann aus ihm wurde, der seine Schulzeit mit Leichtigkeit hinter sich brachte und sich nicht mehr so viel über Lehrer ärgern musste. Dennoch blickte er auch später in seinem Leben gerne auf die ersten Jahre in seiner freundlichen Schule mit seinem etwas verschrobenen Lehrer Herrn Seele zurück. Und seinen Freund Florian, den hatte er auch als erwachsener Mann noch immer an seiner Seite. Allein dafür hatte sich der Weg durch diese Schule gelohnt.

Nach der Schule hatte er gleich mit einem ganz schweren Studium begonnen und da waren plötzlich viele junge Menschen, die seine Freunde wurden und die die Dinge ganz ähnlich sahen wie er.

Aber am Allerschönsten war doch, dass er gleich zu Beginn eine liebe, lustige und ebenso pfiffige junge Frau gefunden hat. Den Umstand, dass auch sie eine »echte« Norddeutsche war, empfand Nickel dabei mittlerweile als Nebensächlichkeit. Viel wichtiger war doch, dass sie mit Zahlen und Formeln genauso gerne forschte wie er, weshalb die beiden sich immer was zu erzählen hatten. Mit ihr ließ es sich ganz unkompliziert leben, sodass das Erwachsenenleben sehr vielversprechend anfing.

Und weil sie doch mal sehen wollten, wie die Welt jenseits ihres geliebten Norddeutschlands aussah, beschlossen die beiden nach dem Studium, erst einmal ganz lange und ganz weit zu reisen. Doch davon vielleicht ein anderes Mal mehr ...

Danksagung

Solche Episoden kann man nur erleben, nicht erfinden. Daher geht mein Dank an alle, die mir Vorlagen für die Figuren des Buches geboten haben:

- An all die kleinen, pfiffigen Menschen, die mit ihrer glasklaren Logik jede Inkonsequenz, Absurdität und Ungerechtigkeit sofort durchschauen und schonungslos offenlegen.

- An die Eltern und Großeltern von Hochbegabten, die mit viel Liebe und Verständnis ihre Kleinen begleiten und dennoch manchmal genau das Falsche sagen oder tun.

- An die Lehrerinnen und Lehrer, die mittlerweile ein Wissen davon haben, was Hochbegabung bedeutet mit all den zugehörigen Stärken und Schwächen, und dennoch oft hilflos reagieren, sogar dann, wenn sie selbst zum Kreis der Hochbegabten zählen.

- An die beherzten Menschen, die den Mut aufbringen, ihre eigenen Denkmuster zu hinterfragen, und mit ihren frischen Impulsen den Lebensweg der kleinen, pfiffigen Menschen nachhaltig beflügeln.

Mein besonderer Dank geht an meine Familie, die die Entstehung des Buches mit vielen guten Anregungen begleitet hat. Wolfram Henn, Mascha Keller und Sonja Rogalski bin ich äußerst dankbar für ihr strenges Lektorat und die vielen, fruchtbaren Einwände, Korrekturen und neuen Ideen.

Wiebke Brandes möchte ich sehr für ihre fachkundige Begleitung und ihre humorvollen Anregungen bei den Illustrationen danken.

Und natürlich danke ich Nikolai Keller von ganzem Herzen für die perfekten »letzten 5 %«, für die Unnachgiebigkeit in Fragen des Layouts, für die phantastische Bildbearbeitung und Covergestaltung.

ISBN 978-3-7584-2674-2

www.epubli.com